国民旅游休闲讲稿（二）

创业

照耀旅游的星空

戴斌 著

北京·旅游教育出版社

序　言

我和戴斌先生相识至今已有十余年。从第一次向他请教问题，到后来我们一起探讨，他给予了我很多帮助和指导，也见证着我的整个创业历程。从2009年7天连锁酒店在美国上市，到2013年退市，再到组建全新的铂涛集团，在公司的战略和运营方面，先生给予了很多中肯的建议。

戴斌先生是一位幽默风趣的学者，既有人文情怀和艺术天份，又无比专注地进行学术研究。很多学者只是纸面功夫，但是先生充分了解市场，了解消费者，了解行业发展趋势和未来的方向，并且可以根据这些研究出来的结论对酒店业、旅游业的工作进行详尽的指导和规划。能将学术与市场如此紧密结合的学者是罕见的，也是让人钦佩的。

我曾经问过先生，他何以一直安心地待在中国旅游研究院，做个清贫的院长，以他的能力完全可以在旅游行业打造出一片天地。但是先生总是淡淡一笑，说他愿意安心地做研究，认真地把自己的研究成果与行业分享和交流，一同面对问题，一同解决问题，为中国人创造更好的旅游环境，让人们能体会和享受到旅游带给人生的乐趣和美好，这就是他的愿望。

这是一本极好的书，我在阅读时总能想起戴斌先生在台上严谨、认真却不失幽默的演讲。虽然这本书不是一本专著，但却更好、更全面地清晰阐述了近年来旅游行业所面临的问题、困难和解决方法，其中丰富的行业知识和数据分析能让读者更加客观地了解这个行业的现状。旅游行业是一个极其有趣的行业，它既有传统行业的专业化、细致化、工程化和数据化，又有丰富而细腻的感受、体验和细节化处理。这是一个虚拟与现实结合、物质与感性交织的行业，这个行业的领袖不仅需要有理性数据化的思考和分析，而且需要有感性体验化的认知和触觉，由此可见先生真是为这个行业而生的人。

很感谢先生能给我这个机会，为他的新书写序言。他于我而言是良师，在我创业的初期阶段给了我很多教导；他与我也是益友，我们在一起时如老友般无所不谈。希望我们能和所有从业者们一起为人们提供更好的旅游服务，一起努力、一起奋进！

郑南雁

2014 年 12 月 11 日

目 录

以大众、文化和特色为导向，大力推进中国饭店产业创新

——在首届海峡两岸酒店业高峰论坛上的书面发言

（2009－09－15，台北）

各位同仁：

欣闻两岸酒店业界的朋友以民俗和特色为主题召开专业研讨会，会议的发起者肖正雄先生希望我说几句话。肖先生是我多年的朋友，也是一个热心公共事业的企业家，做的都是推动公共利益的大事，所以他打电话简单说了几句，我就同意了。

首先，请允许我以学界的名义向8·8台风灾害中受损的台湾旅游业界表示真心的慰问。今年以来，大陆赴台游客日渐增多，两岸旅游交流与互动更加紧密，在国际金融危机的背景下，两岸已经成为区域旅游合作的亮点。突如其来的台风给包括饭店在内的台湾旅游业界带来了巨大的损失。但是我相信，在各级政府和社会各界的共同努力下，我们有信心，也有能力尽快从自然灾害的影响中恢复过来。在此过程中，只要是台湾业界之所需，大陆学术界和教育界愿意尽自己的绵薄之力。

接下来，我想向大家简要报告一下金融危机以来，我国旅游经济运行的基本情况。自去年秋季以来，受金融危机的影响，中国大陆地区的入境旅游一直

处于低位运行的态势。由于政府及时调整了政策，积极启动国民旅游消费市场，并结合宏观政策在增加供给上做了不少工作，可以说取得了阶段性成果。到今年第二季度结束时，国内旅游无论是总人次，还是总收入，均有两位数的增长。从目前情况来看，全年的旅游经济运行总目标应当是可以完成的。需要指出的是，在金融危机的大背景下，政府规范发展出境旅游的政策并没有改变。上半年，出境旅游总人数依然保证1%的增幅，特别是大陆居民赴台旅游更是创下历史新高。

在宏观数据鼓舞人心的同时，产业界还是承受了很大的压力。特别是东部沿海发达地区、外向型的国际都市中的饭店企业，包括那些国际品牌的豪华酒店，它们的客房出租率与往年相比，都有大幅度的下降。与此同时，我也关注到像如家、七天、汉庭这样的经济型酒店却一直保持着很好的业绩。为什么呢？是因为前者的客源市场主要是入境高端消费者，而后者的市场基础与老百姓的旅行需求是同构的。在内需变得更加重要的今天，谁能够真正满足自己国土上老百姓的需要，谁就有可能在未来的市场上胜出。

尽管从规模上看，我们已经是旅游大国，也是饭店产业大国了。但是说实在话，我们还不是旅游强国，更不是饭店强国。2008年，我们的国内旅游总人数有17.12亿人次，总收入还不到8800亿元，意味着人均消费不到500元。饭店产业有超过1.6万家的星级饭店，没有评星的旅游住宿机构还有近30万家。可是我们的客房出租率平均只有60%多一些。这意味着大量的产能是过剩的。怎么办呢？一是要千方百计地扩大消费市场，特别是国民旅游消费市场；二是要从产业供给方面做文章，尤其是要做结构优化的文章。具体来说，要加大以资本集中为导向的产业集中度，要通过管理模式输出和连锁化经营的方式，全力培育本土的饭店品牌。这是那些大集团和大公司的任务和方向，大量的中小企业则需要更加多样的商业创新。近年来，低端市场的经济型饭店做得风生水起，可是带动的存量依然很有限。事实上，也不可能把所有饭店都集中起来，那样对广大国民的旅游福利也不利。只能走民族性与特色化的路子。

各位同事：

中华民族在五千年的历史进程中创造了多姿多彩的文化，现在又有了蔚然可观的消费能力，我们完全有可能在文化与经济的结合中找到自己的创新方向。我看欧洲的很多酒店体量不大，看起来也不是很豪华，很多是家族传承的，却很有历史文化感，在市场上也很受欢迎。这能不能成为我们借鉴的一个方向呢？比如我们很多江南小镇、西部景区以及城市中的民居客栈，也是我继饭店集团、国有饭店、经济型饭店和度假饭店之后，正在重点研究的饭店业态，它们就很受年轻的自助旅游者的欢迎。阶段性的研究表明，这些更具有草根性的业态，是中国饭店产业创新的市场基础。需要指出的是，仅仅有文化背景是不够的，还需要有相应的商业智慧作支撑。希望大家能够沿着这个方向，多做一些带有商业应用导向的研讨，比如通过网络做市场推广，通过共享一些商业平台降低成本，还可以共同培育文化品牌。只有更为大众旅游者认同，资本、技术和人才要素才会跟进，中低端饭店群体才能有发展的希望。在这些方面，我衷心希望海峡两岸能够更加紧密地携起手来，多交流，多分享。比如就民居客栈这个题目，台湾的民宿旅馆的建设和发展经验就很值得借鉴。

历史已经证明，并将继续证明：以服务大众旅行需求为导向的产业演化，源于文化、也归于文化的经营思想，以特色为核心的商业模式，是国际饭店产业成长的核心脉络，也是中国饭店产业创新和实现饭店强国理想的必由之路。我们不可能永远跟在别人的后面学习，更不可能在世界旅游经济的舞台上只是扮演广阔市场的提供者这个角色。随着宏观经济的发展和社会的持续进步，我们必然需要更多的话语权，需要把中华民族的文化经由饭店的商业运作推广到更为广泛的范围。

让我们在大众、文化和特色的旗帜下携起手来，为这一天早日到来而共同努力吧。

预祝本次大会圆满成功！

把握当代旅行需求，构建现代商业模式

——在携程旅游集团精益管理学术研讨会上的主题发言

(2011－04－24，北京)

尊敬的刘志江秘书长，范敏总裁，

各位专家学者，各位业界同仁：

上午好！

今天我们在北京隆重集会，共同研讨旅游服务中的精益管理主题。在携程走过了十年的自发成长期，正迈向新的战略发展期的今天，在中国旅游业经过三十多年的发展，正在为旅游强国宏伟目标奠基的“十二五”开局之年，专门为一家企业的管理思想召开学术研讨会，我想不仅仅是对携程在这一领域十年探索的系统梳理与总结，也是对如何把包括携程在内的中国旅游产业培育成为现代服务业作前瞻性的思考。

前段时间在筹备这次会议的时候，志江秘书长曾经问过我什么叫精益管理。这把我问得一愣，是啊，如果连基础概念都没有弄清楚，这个会议确实不好开，就是开了，也是理性不足。我现在就试着回答一下这个问题：精益管理属于管理理论中精益思想的范畴(Lean Thinking)，源于20世纪80年代日本丰田发明的精益生产(Lean Manufacturing)方式。“精”体现在质量上，“益”体现在成本上，其核心是通过“及时适量”、“零库存”等现场管理手段实现“订货生产”，从而确保产品质量并降低成本。追求用户和企业都满意的质量、追求成本与质量的最佳配置、追求产品性能价格的最优比。精益思想更进一步从理论的高度归纳了精益生产中所包含的新的管理思维，并将精益方式扩大到制造业以外的所有领域，尤其是第三产业。精益管理是精益生产理论的扩展，是精益思想在企业各层面的深入应用。詹姆斯·沃麦克（James Womack）和丹尼尔·琼斯（Daniel Jones）在他们精辟的著作《精益思想》中提炼出顾客确定价值等五项基本原则。从这个意义上说，携程所做的工作，包括实行六西格玛管理，“用制造业的标准来做服务行业”，以及信息技术的广泛运用，都不过是旅游行业的先行者对现代管理理论的自觉应用，对已经在其他商业领域取得成功的管理模式的移植与创新。待会儿，范总和与会专家还会就携程在精益管理方面的具体做法做更为详尽的说明与阐释。大家听完以后对这一案例的管理理论与实践探索将会有更加清晰的理解。

这样说起来，似乎携程所做的工作并没有更多的原始创新。一方面，太阳底下无新事，做商业实践的企业家和管理者本就不是专业分工来进行理论原创的。大家去研究日本的技术革新和商业实践，绝大多数都是应用，兢兢业业把每一件事情、每一个环节都做到极致化。另一方面，把发源于工业领域的管理思想及其有效的管理工具科学地运用到旅游服务的商业实践中，而且取得很大的成就，在很多人还把旅游服务视为经验型行业的今天，无疑具有很强的现实意义。也许我们还不能把精益管理叫作携程思想，但是把精益思想等现代商业模式在旅行服务和旅游管理的商业实践中成功地进行贯彻和推广，肯定可以称之为“携程经验”。在多次的实地调研以及与公司高管的交谈中，他们的很多做法，比如在产品售前、售中、售后的服务设计中，全面应用信息技术等现代科技进行标准化管理，比如通过指标量化、关键指标（KPI）等手段推进服务过程的零缺陷，等等，都给我和我的同事留下了深刻印象。

携程在精益管理领域的思考与实践为其带来了巨大的商业成就,然而它不只是属于携程一家企业的。商业思想总是具有很强的公共产品属性,我们至少可以从以下三个方面思考相关案例对中国旅行服务业乃至整个旅游产业的启示意义。

第一,旅游企业的市场基础和商业运作必须始终建立在最广大人民群众的旅行与旅游需求,特别是核心需求之上。携程起步于1999年,不完全是巧合吧,那一年的国庆节正式实行了新中国历史上第一个旅游黄金周。自那以后,国民旅游进入了高速发展期,今天已经进入了大众旅游发展的初级阶段。2010年,我国居民的出游率已经达到1.4,市场总量达到21亿人次、1.26亿人民币。同时,年轻一代的商务旅行需求不断扩大。可以说,为多数人服务而非为少数人服务的时代已经到来。正是由于把握住了时代特征,适应了国民大众的旅行服务需求,携程这样的旅游新业态才能够在短短的十年时间取得了巨大的商业成功。前天在上海的中国酒店产业投资峰会上刚听说携程的市值已经超过了Expedia,成为美国纳斯达克的第二大旅行服务类上市公司。从与会国际旅游企业领导者的眼中,我能够感觉到他们对中国旅游企业的关注,以及对中国旅游消费市场繁荣与发展的信心。每一家成功的企业都可以归因于很多不同的因素。但是从宏观基本面来说,团队、科技与商业模式的背后一定是人民大众的需求,是基础雄厚的消费市场。

第二,旅游企业要牢牢把握旅游市场运行的客观规律,坚持让市场机制在资源配置中发挥基础作用,在微观层面上建立起符合当代旅游伦理和商业模式要求的管理体系。过去我们对旅行社、旅游饭店等业态在旅游领域特殊性的一面强调过多,有意无意忽略了它们作为企业的共性。时光倒退十年,甚至是五年以前,业界集会时,似乎是不带携程这样的企业玩儿的。似乎只有体制内的传统旅行社和带星级的旅游饭店才是正宗的旅游企业。结果呢?由于按市场规律办事,遵照工商企业运行的一般规则运营和管理,携程的商业模式获得了更多消费者的认同,并很快取得了市场化意义上的商业成功。把携程推到今天位置上的,既不是业界的主动吸纳,也不是政府的标准认证,而是消费者通过“用脚投票”表达的认可。事实再一次证明了:市场的力量是无穷的,只有那些适应市场发展要求的企业才是真正有生命力的企业。

第三,面对宏观转型与微观变革并存的产业环境,旅游企业要持续发挥企业家的创新精神,坚持科技和人才在旅游企业发展进程中的战略基础地位不动摇。传统的旅游企业,特别是旅行社和旅游饭店,很是强调其劳动密集型的特质,强调经验的重要性。甚至对经理任职标准进行规范时,都要强调其多少多少年的从业经验,也不管那些经验是操作的经验还是管理或者商务的经验。在很长时间里,我们把导游、外联人员的业务作为旅行社管理的业务进行传授。事实上,这些知识和经验只是企业供给与游客需求的界面,最多只是企业管理的对象。随着市场经济和旅游消费的逐渐成熟,旅游企业核心竞争能力越来越多地体现为运营团队的创新精神和对工商管理共性规律的把握,或者说来自工业和现代服务业对传统旅行社的改造。现在携程要进一步发展,从传统旅行社领域请来了像郭东杰先生这样的职业经理人作高管,而之前相当长时期的发展,还不是依靠核心的创业团队?他们可能并没有太多的旅游从业经验,但是他们拥有传统经理人所不具备的商业知识和技术背景,还有创业的激情,所以他们就比那些固守传统的旅行社先行了一步。

表面上看,携程的成功是技术的成功,是管理团队的成功。然而,技术是中性的,新兴业态可以用,传统业态也可以用,人才同样如此。我国最早应用信息技术和互联网的旅游企业不正是那些传统的企业吗?大型国有企事业单位不是沉淀了大量高素质的专业人才吗?但是面对新兴的国民旅游需求,他们起了个大早,却赶了个晚集。究其原因,是我们缺乏企业家的创新精神,或者说即使有,原有的体制也不会让其发挥应有的作用。相对于市场、资本、劳动力和技术等约束条件和生产要素,有创新能力的企业家实在是太过稀缺的资源啊!在一个强调规则、秩序和官本位的社会里,我们一定要像爱护自己的眼睛那样爱护我们的企业家。哪怕创新失败了,也没有关系,一个允许更多的人在更多可能的方向上自由探索的产业才是有希望的产业。

尽管已经拥有包括携程在内的一批基于市场竞争和现代商业模式,并初具国际影响力的旅游集团,但是从全国的范围而言,我们对旅游作为传统而非现代服务业的基本判断并没有改变。相对于旅游与旅行市场的持续繁荣,相对于来自技术,特别是移动通讯技术的快速发展,相对于对全球化背景下国际产业竞争的挑战,中国旅游企业的现代化转型还有相当漫长的道路要走。从产业存量上看,全国 2.1 万家旅行社,只有很少的企业能够恰当地运用现代科技,特别是信息技术向市场提供旅行服务,只有极少的企业能够以国际化的视野关注自身的现代化转型。

各位专家学者,各位业界同仁:

作为中国旅游产业培养起来的学者,自己一直对产业的增长与挑战感同身受,为同仁的成功而欣喜,为同仁一时的挫折而忧心。展望未来的五年,既是中国旅游经济的黄金发展期,也是各种新旧矛盾的凸显期,还是产业素质的提升期。在传递信心的同时,我还想借此机会向范总和其他各位业界同仁谈几点个人的期待。

期待携程继续关注中国旅游与旅行市场,为千千万万的国民大众游客提供更高品质的旅行服务。国内旅游已经是,并在未来五年中仍将是中国旅游经济运行的主体支撑力量。但是我们还有太多的国民没有实现他们的旅游权利,还有太多的旅游者没有能够享受有尊严的旅行服务。我们没有高品质的旅游服务吗? 有的,只是局限于特定的人群享受而已。是数以千万计普罗大众的旅行需求把携程推到了今天的位置,现在我们做大了,有能力去挣更多的钱了,但是不要忘记了他们。在我们的企业文化中,在我们的发展战略中,在我们高歌猛进的发展中,一定要有人去追问"旅行服务和企业发展是为了什么"的问题。有思想、有价值的企业才能够走得更远。

期待携程继续加大科技投入,以市场化为导向,创新商业模式,在国际竞争格局中引领中国旅游产业的发展方向。从早期收购现代商业运通公司,到搭建携程旅行网的核心平台,再到成为今天产品覆盖旅游预订、旅游服务、旅游信息、产业投资等领域的大型旅游集团,业务范围也覆盖了海峡两岸。我看了携程已公开的发展目标——2015 年跻身亚洲 500 强,2020 年比肩世界 500 强,成为一家世界级的旅游旅行服务集团,很是振奋。客观地说,这个目标很是宏伟,也鼓舞人心,但是要想实现,还有很大的挑战。比如公司一直引以为豪的信息技术,过去的十年是互联网的十年,我们抓住了,今后的十年则很可能是移动互联网的十年,我们还能不能接着抓住呢?能不能有效地应对更有创新性的业态和团队的挑战呢?现在公司通过投资和运营品牌,已经广泛涉及了行、游、食、住的服务,还有游客需求范围内更多的娱乐和购物需求,同样需要我们加以关注。

期待携程继续关注基层员工的工资福利和成长空间,为旅游产业的可持续发展奠定更加坚实的人力资源基础。根据国家"十二五"规划提出的发展成果与民众共享的理念,人力资源和社会保障部高级官员日前表示,我国要努力实现职工工资年均增长 15% 。面对这一中国版的"国民收入倍增计划",却有舆论担心美好的设想只能在国有企事业单位和政府机关得到较好的贯彻。毕竟对于外资和民营企业来说,资方和管理层总是要依据劳动力的市场价格和自己的经济效益来制定员工的工资。从统计数据来看,在过去的三十年中,中国旅游企业员工的工资福利并没有随着市场的繁荣和产业的进步而同步增长,甚至是相对下降的。20 世纪 80 年代饭店、旅行社招员工,应聘的队伍可以排出几里地去。现在呢?还有多少人会把旅游服务企业作为自己的首选职业呢?我曾经多次说过,今天还是愿意与各位企业家和经理人分享这个观点:一个不能吸引年轻人进入的行业是没有希望的行业;一个不能给予年轻人未来的企业是没有未来的企业。今天的携程不也就是几位充满创业梦想的年轻人用十年的时间创造出来的吗？当时的梁总、范总也就是三十出头的小伙子吧。现在做成在美国上市的大集团了，希望你们从薪酬待遇、文化建设和职业发展规划等方面为一万多名携程员工做得更多一些。事实上，你们已经做了很多了，比如我就很喜欢，也很羡慕集团年会上所有高管们都能够脱下西装领带，亲自上阵给员工卖力地表演节目，感觉企业文化很融洽，员工很有向心力。将来集团规模还会进一步做强做大，管理上也会更加精益吧。到那时，员工的生存和发展权利是否还能够同步增长，放眼于整个产业层面，我是不无忧虑的。希望携程未来的发展会证明这种担心和忧虑是多余的。因为，在现代商业模式和当代旅游伦理框架下，员工本就是核心的利益相关者。

最后，我还期待携程在逐步实现自身商业目标的同时，积极承担更多的社会责任，做一家更有思想、更有价值的旅游企业。与十年前相比，携程已经是一家拥有强大商业竞争力和产业话语权的大型旅游集团。大有大的能量，大也有大的责任。要想成为可以与国际同行平等对话的企业，固然需要实实在在的营业额、市场占有率、每股收益率、市盈率等财务和市场指标，同样也需要自觉践行并倡导当代旅游伦理，为目的地社区的发展，为商业文明的守护与传承担负更多责任。我心目中的业界领袖，追求的是引领，而不是垄断。我也愿意与范总，与各位业界朋友携手共进，在为把旅游业培育成为国民经济的战略性支柱产业和人民群众更加满意的现代服务业而努力的过程中，让更多的像携程这样的优秀旅游企业在我国经济社会发展体系和国际旅游产业格局中发挥更加积极的作用。

谢谢大家。

把握旅游市场格局，推动中端酒店业态创新

——在世界酒店论坛上的主旨演讲

（2011－08－27，重庆）

全国酒店业界的各位同仁：

上午好！

今天我们在美丽的山城重庆隆重集会，共商酒店产业科学发展的大计。刚才聆听了几位政府领导、企业家和专家学者的演讲，深受启发。这段时间一直在思考酒店产业结构的优化问题，特别是中端酒店市场怎么办的问题。事实上，在中国酒店市场上，豪华或者说顶级的奢侈品牌基本上为国际管理集团所垄断。我们经常听到地方政府在谈旅游发展规划时言必称要引入多少多少家国际顶级品牌。高端领域还有一部分本土品牌运营商的份额，但是客观地讲也没有居于主流地位。在经济型酒店领域，从20世纪末开始发轫，到2004年如家在美国纳斯达克上市，再到如今包括七天、汉庭、锦江之星在内的一批“千店俱乐部”，本土酒店集团的主导地位越来越得到巩固和加强。唯有在中端酒店领域，始终是不温不火，始终处于战略突破的前夜。下面我想从市场潜力、发展机遇和投资策略等方面谈几个观点，供各位同仁参考。

首先，随着我国旅游经济从大众旅游的初级阶段逐渐向更高一级的阶段过

渡,基于本土的旅游与旅行住宿需求为中端酒店业态提供了坚实的市场基础和广阔的产业创新空间。虽然我国的人均旅游消费水平还比较低,但是市场基数很是庞大,而且处于持续增长的态势。以2010年为例,入境过夜旅游者为5566万人次,国内旅游者21亿人次,如果按15%的过夜率计算,国内过夜旅游者达到3.15亿人次。中国旅游研究院承担的国家旅游局重点项目《旅游经济监测与预警》几年的研究结果表明:40%的入境过夜旅游者和25%的国内过夜旅游者在旅游住宿产品上愿意选择中端酒店。以此比例推算,中端酒店的市场规模将每年超过1亿人次。事实上,对具有成本意识的商务和休闲旅行人士来说,与那些提供全方位服务的高档酒店相比,中等价位的品牌酒店已成为极其诱人的替代选择。特别是中国和印度等市场的新兴中产阶级专业人士已经成为中端品牌酒店的主要推动力量。可以说,在国民旅行者和入境游客的双重推动下,市场已经对优质的中端酒店发出了极为明显的消费需求信号。

反观与需求相对应的产业供给基本面,尽管潜在的生产能力和运营商的数量很是可观,却仍会发现酒店产业存在很严重的结构问题:真正能够契合市场需求的中端酒店还很少,具有市场影响力的服务品牌更是几乎没有。更值得关注的是,这一数量巨大的酒店群体无论是从运营绩效,还是从投资回报上看,都让政府和商业领域的利益相关者很是纠结。以硬件配置和平均房价为依据,目前绝大部分三星级酒店、部分四星级酒店,还有那些虽然没有评星,但是已经达到相应国家标准的酒店大体上可以归入中端酒店的范畴。就存量而言,这类酒店的数量是很可观的,我看3万家酒店,40万间客房总是有的。但令人遗憾的是,这批积淀了大量土地、房屋、设施设备和人力资源,本应为国家创造更多财富的商业机构,多年以来一直处于微利甚至亏损的状态。据国家旅游局和中国旅游饭店业协会的统计,全国三星级酒店的平均房价在200元左右,略高于经济型酒店平均房价,四星级酒店平均房价也只有320元左右。再看平均每间客房的收益数据,2010年四星级酒店的RevPAR为180元,而经济型酒店运营商如家和锦江之星同期分别达到162元和164元。究其原因，我想主要是因为这些传统意义上的中端酒店大多为全面服务型酒店，功能小而全，品牌定位模糊，长期以来没有变化，更没有创新，特别是对中端旅游与旅行者的核心住宿需求关注不够。加上这类酒店多为单体运营，管理的专业化程度相对较低，现代酒店发展所需要的专业技术人员、专业管理人员、职业经理人和投资创业团队的数量和质量更是远未达到变革和创新的要求。

从需求积聚、供给存量、技术和人才积累，以及国际经验等多方面的因素考量，我国大力发展中端酒店的时机已经成熟。国际上，位居前列的大型酒店集团旗下大都有中端酒店品牌，而且所管理酒店数量庞大，绩效也不错。2009年的统计数据表明，洲际酒店与度假村管理集团旗下的智选假日有1363家成员店，雅高旗下的美居有690家店，万豪旗下的万怡有808家店，希尔顿旗下的Hampton有1619家，国际酒店特许运营商——最佳西方则拥有4035家成员店。包括万怡、美居、诺富特、智选假日等在内的品牌已经进入中国市场，并具有了一定的品牌知名度。越来越多的国际酒店管理集团正在将其中国市场布局的重点转向二三线城市开发中端酒店。这些高度市场化运作的品牌，之所以重视中国，我想主要还是巨大的市场商机在吸引它们。

国内酒店集团也同样意识到了中端酒店市场巨大的发展潜力，锦江商悦、汉庭全季、深圳维也纳、桔子酒店、星程联盟等已率先在全国实施战略布局。我已经接到如家酒店集团CEO孙坚先生的邀请，下周将出席他们在太原的一个和颐酒店项目的开业仪式。孙总跟我说过，如果说如家是大众旅馆的升级版，那么和颐就是五星级酒店的简约版。还有最新版的国家标准，将三星级以下酒店定位为有限服务酒店，也有利于促进秉承有限服务理念的中端酒店发展。从这些动向来看，一个高端、中端和经济型业态协调发展的产业格局正在孕育和成形之中。

我希望各位业界同仁在系统研究旅游与旅行市场、研究酒店产业的基础上,认真思考一下具体的投资战略和运营策略。从当前的情况来看,除了少量的新建项目外,建议大家把更多的精力和资源配置到中端酒店的存量调整上来,通过系统的产品策划、服务升级和营销创新把这些转化为有效的供给。下大力气研发中端酒店的产品创新和投资运营模式,在试点的基础上,通过收购兼并、委托管理或连锁加盟等方式实现对现有存量资产的有效整合。应当说这不是件容易的事情,中低端酒店的客人对价格较为敏感,而且随着网络预订的普及和营销渠道的多元化,他们对成长中的酒店品牌的黏滞性也不可能很高。在客源市场的开发上,希望业界在关注商务旅游市场的同时,更加注重对休闲旅游市场的开发。知易行难,再好的商业模式最终还是由人,特别是由企业家和经理人团队来操作的。在所有的商业要素中,最有价值的还是人力资源,特别是创新的企业家资源。来的飞机上我看了一篇报道,说乔布斯一百多字的辞职信竟然让苹果的市值跌去了相当于三个联想公司的比例。你说他重要不重要啊?酒店也是商业,也需要更多的更有才华和激情的企业家。当市场基本面和产业存量要素确定以后,起决定作用的就一定是企业家了。我们有胸怀引进国际的高端酒店,有能力培育经济型酒店领域的品牌群体,现在整个市场和产业更加成熟了,在不远的未来,也一定能够在中端酒店市场上取得战略性的突破。

让我们共同努力,共同推动酒店业态创新,让酒店在国家旅游经济和社会发展中发挥更大作用。这是中国酒店人的历史机遇,也是共同的责任。

谢谢!

为民众的旅游住宿需求而创新

——在如家十周年庆典上的演讲

（2011－11－08，北京）

各位同仁，各位朋友：

今天，这么多来自官、产、学各界的重量级嘉宾为了一家酒店集团在人民大会堂隆重集会，我想首先是因为如家酒店成立十周年来所取得的骄人业绩。

如家是我国经济型酒店的定义者。改革开放后发展起来的入境旅游起初是以创汇为导向的，包括酒店在内的旅游接待设施和服务一开始的标准导向就是服务外国人和港澳台同胞。直到1999年第一个国庆黄金周，我们突然发现大量国内游客的现实需求没有办法满足，可是怎么搞，大家并不是很清楚，于是业界就开始探索。最早的一批实践项目包括建国客栈、锦江之星、中江之旅等，总体上发展得很是缓慢。2001年，携程旅行网和首旅集团联手在建国客栈的基础上成立了如家酒店。自那时起，经济型酒店的概念和商业模式开始逐渐清晰。记得公司的第一个周年纪念会上，我曾经说过这样的话：自此以后，旅游和酒店管理专业的学生在学习经济型酒店这一概念时，将不再为概念的把握而犯愁了。

如家是我国旅游住宿产业创新的引领者。经过短短三年的发展，如家就成功登陆了美国纳斯达克股市，我也因此把这一年称为“中国经济型酒店元年”。

之后的日子里,在 CEO 孙坚先生的带领下,如家一直走在整个旅游住宿产业创新的前沿。商业模式从直营到加盟的探索,发展战略从连锁到并购的实践,品牌从单一的“如家”到今天“如家”、“莫泰”、“和颐”,管理从经验到科学再到公司的“微笑力”文化,如家的每一步都在引领产业创新的风气之先。在我个人的印象中,由于如家的创新成就,经济型酒店及其从业者在整个旅游住宿产业乃至整个旅游经济体系中的地位得到质的提升。

如家还以其自身的努力为酒店产业赢得了国际国内和社会各界的广泛尊重,成为了现代服务业的标杆。如家是酒店企业,是旅游产业的有机组成部分,也是整个经济社会发展体系的一分子。且不说在业界内所获得的荣誉——估计孙总拿奖都拿得手软了吧,就是放在连锁商业领域、上市公司范畴和全球财经界,如家的地位也足以让每一个了解它的人给予其应有的尊重。在今年世界《财富》杂志评选的“全球最具成长性公司”榜单中,如家名列第九。也正是由于他们的努力,我才可能站在世界的讲坛上自豪地宣告:中国,不仅是旅游大国,也正在走向产业强国。

这一成就的取得,是公司董事会、孙总所率领的管理团队和全体员工的努力工作和持续创新的结果,是商业模式和资本市场完美结合的结果,更显示了中国旅游业进入了大众旅游发展阶段所带来的市场机会。今天的中国旅游业,是老百姓在旅游,老百姓在消费。在过去的一年中,国内旅游市场高达 21 亿人次,还有 5739 万人次的出境旅游者。今后这两个数字有望分别超过 25 亿和 6500 万。这是一个多么令人充满想象的市场空间啊!可以说,是中国旅游产业的大发展大繁荣给了如家最为宝贵的市场机会,是千千万万的父老兄弟把如家推动到今天的位置上的。明白了这一点,我们就不会因为过去的成就而自高自大,也不会因为一时的困难而止步不前。

希望酒店人团结起来,为国民旅游福祉,为大众住宿品质提升而努力创新!

谢谢大家。

技术之外的市场与管理之上的服务

——在首届高铁旅游生态圈峰会上的主旨演讲

（2012－03－17，北京）

1804年英国人德里维斯克制造出世界上第一台蒸汽机车，自那时起，火车和铁路就伴随着不断飞跃的速度融入了人们的生活，并成为工业社会的典型象征。更多时候，伴随科学技术的进步，以及商业模式的创新，铁路建设一方面是现代化的关键符号，另一方面也在推动国家和社会的现代化进程。我国的铁路发展也同样经历了从引进、模仿到创新，从服务国家战略到服务民众生活的转变，现在则正处于从计划经济、国家投资、准军事化管理向市场经济、逐步引入商业化经营模式转型的阶段。

我们这一代人对铁路的记忆是深刻的。自小在淮河边上的乡下长大，在家门口就可以望见一列接一列的火车吐着白烟从村西不远处的京沪线上驶过。在那个年代，很多人日常生活半径往往也就是几公里，所以姥姥、舅舅和姑姨家的小伙伴们来走亲戚，就会带他们去看火车。一起猜它从哪里来，又到哪里去，还想它爬都爬得那么快，要是站起来跑，还不得飞到天上去啊！在20世纪70年代的童年记忆里，火车是不远处的风景，也是更远处的想象。

求学时代，火车是不可或缺的交通工具。从镇里到县城60华里的路程中间经停四个小站，约两个小时的时间。读大学，读研究生，所在城市也是越来越远,就更离不开火车了。对火车的印象就是座位票、站票,还有春运期间临时加开的闷罐车。至今难以忘记的场景是“咔、咔、咔”的皮鞋声音响起,母亲们便想方设法把自己的半大小子往身后掩藏:那是查票的列车员来了,不希望没有买票的小孩被发现。有时候出于职责,母亲们会被要求补票,有时候呢?明明看见,列车员也就那么过去了。离得近时,我会听到一声轻轻的叹息。20 世纪 80 年代,中国正处于经济起飞的初始阶段,火车距离民众的生活如此之近。因为低廉的票价承载着太多的梦想,所以哪怕是在车厢地板上坐十几个小时,也几乎没有人会抱怨什么服务不到位。

2001 年到北京工作以后,时间越来越稀缺,出行的交通工具更多的是选择飞机。有限的几次高铁乘坐经历主要是在国外,从华盛顿到纽约、从布鲁塞尔到巴黎,从东京到大阪,感觉很方便,很有效率,也有对当地生活的深度体验,比如纽约的中央车站本身就是旅游景点,会有不少游客到访并拍照留念。国内的高铁发展起来后,北京往返济南也乘坐过几次和谐号,也是感觉方便和高效,高等级车厢内的硬件设施也不错,只是人太少,显得很空。

说到底,技术也好,管理也罢,无论我们如何在特定时期强调其作为国家战略的作用,最终都应是为老百姓的生活服务的。曾经在某理工类大学做学术交流,餐叙时,有知名的工程教授在谈及该校旅游学科建设时不经意说了这么一句话:我们是把卫星送到天上去的,你们是把游客送到车上去的。我对自然和工程科学领域的机构和学者从来都怀着由衷的敬意,可还是想说:一个国家不能把卫星送到天上去,就不是一个强盛的国家;同时,如果不能把老百姓有尊严地送上火车,并享受平等尽心的服务,也不可能是一个幸福的国家。经由技术进步,特别是自主创新,我们让国家强盛起来,让自己的高铁能够立于世界之林。同时,我们也需要通过市场化的经营和人性化的服务,让最大多数的老百姓分享国家的繁荣昌盛。

市场化经营意味着铁路系统需要以危机意识去打造与时俱进的商业竞争

能力，并且按照旅行与旅游市场的要求规划线路，配套产品。从国际经验来看，铁路与民航、公路、航运，还有城市交通共同构成了大交通系统，与旅行社、景区、住宿、餐饮、购物、文化娱乐一起构成旅行与旅游服务系统。在交通这个小生态圈和旅游这个大生态圈中，铁路与其他子系统既有竞争的关系，更有共生与合作的关系。欧洲60多万公里的轨道网络几乎将所有主要城镇和乡村及国家之间的大小车站相互连接起来。而且车站通常位于城市的核心区域，不但配合着出租车、公交、地铁等城市交通体系，周边游客中心、酒店、餐厅、邮局、超市等配套设施也一应俱全。纽约的中央火车站简直就是大的综合休闲购物和娱乐中心。他们的车站管理也是开放式的，买票、进站都很方便。不仅车厢内很舒适，更为乘客提供了多样化的选择——包括高速火车、快车、慢车、城际火车、豪华火车（旅游列车）和夜火车等七大类，乘客可以根据自己不同的出行动机和价格预算进行选择。火车票在欧洲主要分两类，一是各国铁路系统内部的车票，分为单日票、往返票和联程票。另一种是欧洲多国铁路通票，以欧洲铁路公司（RailEurope）发售的 Eurailpass 为代表。以时速高达 574.8 公里的法国的 TGV 和德国的 ICE 为代表的高速火车，就是高票价与高舒适度的组合。而夜晚开行的火车则是节省出行成本的首选。欧洲铁路经营的核心理念就是以旅客为本，用经济学的语言来说，就是对消费偏好和选择权的尊重。这也是市场经济的本质要求。

人性化服务则意味着消费者可以安全、自由而有尊严地享受旅行的品质。服务不是你找一些俊男靓女穿上笔挺或亮丽的制服，加上职业化的微笑和程序性的工作标准就达标了。由于涉及安全问题，中国的铁路一直实施严格的准军事化管理。也是由于人口众多，特别是春节期间运输压力巨大的原因吧，基本上就是一个运输的概念，把旅客像物品一样运送到目的地基本就完事了。在市场经济社会里，这种管理模式只能对内部。对外，对市场、对乘客，则首先是服务。你不能把你对内部人员、设施设备和制度管理的那套东西直接用于客人。

真正的服务是企业和员工发自内心的职业认可,是对千千万万普通乘客的真诚关注。现在的高铁服务程序化、表演性的东西太多了,贴近百姓需求也为百姓接受的自然而然的服务太少了。当我看到捷克的火车上,查票员大叔往往装扮成马戏团的小丑,背着彩色的箱子,给孩子们发放免费糖果的时候,常常感慨万千。我们都知道新干线是日本的"国家名片"。从1964年开始到现在,48年没有发生一起因为铁路营运所引起的人身事故,也没有发生过一起因为车辆及营运设备系统故障所引发的事故。可是它的服务也是很人性化的,从车站的自助售票窗口,到行李托运,再到车上服务,还有下车后的市内交通接驳,都是以人为本的。

主动对接旅游市场,并向广大游客提供人性化的服务,不仅可以培育铁路在大交通时代的商业竞争力,还能够为传统的铁路资源带来全新的市场空间。随着时代的进步,一些曾经辉煌一时的线路、站台、内燃机车、绿皮车可能会淡出我们的生活,甚至走入历史的最深处被人们所遗忘。如果我们以旅游的视角对此加以审视,这些传统的工业遗产是可能被重新打造成为经典的。自匈牙利首都布达佩斯皇家车站缓缓开出的铁皮蒸汽机车曾经是大公名流出行的最爱,现在也是怀旧游客的旅行项目。瑞士往返少女峰的游客、汽车和货物混装的小火车在旅游旺季供不应求,印度的窄轨火车、我国台湾阿里山的小火车由于旅游市场兴起而延续了其旺盛的生命力。欧洲之星、非洲之傲则成为高端休闲旅游市场的陆地标志,在国际旅游市场上谈到它们,往往是与豪华邮轮相提并论的。在这方面,我们有太多的文章可以做。比如利用老车站改造成铁道博物馆,发展工业旅游;比如改造车厢设施和增加相应的服务项目,让传统的运输线成为旅游线,以盘活一批老旧的车站。再比如拥有上百年历史的滇越铁路,中国旅游研究院的国际顾问、来自意大利的田甫博士和他的团队就去做过专门考察,认为很有开发价值。对此,欧洲的铁路和旅游机构很有兴趣,正在寻求中方的回应。

以市场理念和人性服务为基础，主动融入交通和旅游生态圈，将是我国铁路产业变革的战略导向。如果同志们能够认同这一点，我想就高铁旅游的发展提五条具体的建议：

——尽快研发更为完善的票务体系。高铁是600公里以内运距中高端旅客的最佳公共运输工具，可开发出性价比合理的多日票。如果能够出售火车套票的话，将会有效刺激中高端市场中近期休闲市场的出行频次，提升高铁客流量。

——完善预售期制度。随着社会发展，无论是公务乘客，还是休闲旅客，都已经具有很强的旅行管理意识。但是周期短而又不规则的铁路车票预售期，对于该中高端人群在旅行安排上造成很大的困扰。希望铁路部门在高铁车次预售期管理方面积极向航空市场靠拢，从现在的5天、10天、12天预售，统一放开到提前30天实名预售车票。

——完善旅行批发商和旅游经营商的控位票政策。必须认真评价现行以“民生”的名义，在重大节假日，特别是春运期间采取“一刀切”的政策取消旅行商团队预控票供给的合理性。以折扣票价支持有实力的旅行商对高铁旅行产品的持续经营，逐步培育中高端休闲旅游市场，逐步改善铁路旅游产品低端的形象。

——在目前客运专线运输能力冗余较大的情况下，铁路也应积极与目的地、客源地成规模的旅行商联手，定期或不定期开行高速旅游专列。比如携程与上海旅游集团在软卧专列方面的合作已8年，成效卓然，客户对提速也有很高的呼声。

——建立更为完善的市场分销体系。2011年，铁路年运输规模近20亿人次，虽然铁路近几年在销售网点、电话销售、网络销售方面做了积极探索，但显然，自产自销不是效率最优路径。积极向航空企业和欧洲同行学习，开放车票代理市场，将是提高高铁上座率的有效路径。

铁路旅行是国民的群体记忆,高铁旅游是我们共同的期盼,让我们群策群力,为一个共生共荣的高铁旅游生态圈而努力!

旅游投资的空间、业态与模式选择

——在中国旅游发展论坛上的主旨演讲

（2012－12－07，杭州）

尊敬的国家旅游局杜江副局长，各位业界同仁：

上午好！

回顾过去三十余年旅游经济发展进程中的投资行为，我国先后经历了市场需求和观光资源的存量释放、主题公园与旅游饭店等单体旅游接待设施建设、旅游综合体投资、区域旅游目的地系统开发等发展阶段，旅游业界对投资的认识也逐渐从自发、直觉、分散走向自觉、理性和集中。在港中旅、华侨城、首旅等国有旅游集团，开元、携程、如家、去哪儿等民间投资的旅游集团之外，近年来有越来越多的战略投资者、金融机构、产业基金和风险投资者开始进入旅游领域，并以其专业能力和商业行为影响产业走向。在旅游消费的规模、结构和消费行为发展趋势日渐清晰，国家战略和产业政策稳步推进的时代背景下，投融资将成为左右旅游经济运行格局的关键力量。

尽管今天与会的各位同仁都是旅游业界的领导者，我还是想对我国旅游经济的基本面做一概要的介绍。这是因为一旦我们跳出具体项目运作的微观层面，那么包括投资在内的商业活动必须，也应当与消费需求和旅游市场的基本面保持一致。当前我国旅游经济正处于国民消费主导的大众化发展的初级阶段向全面发展阶段的转折期。2011 年,国民人均出游率首次突破 2 次,全部市场规模高达 26.4 亿人次,旅游收入 1.93 万亿元。预计今年将超过 30 亿人次,收入 2.3 万亿元。相比同期的 1.35 亿人次的入境旅游,可以说国民大众已经成为旅游市场的绝对主体,旅游也日渐成为老百姓日常生活的重要组成部分。随着全面小康社会的建成,旅游业的发展前景将是不可限量的。前几天我与中国旅游研究院产业所的同事对 2020 年的旅游市场做了一个初步的预测,国内、出境和入境过夜旅游人次分别为 60 亿、2 亿和 1.1 亿,这将是一个多么令人充满信心的市场空间啊。在看到绝对数量的同时,还需要关注消费结构和消费模式变迁所带来的挑战。由于带薪休假还没有完全落实到位,旅游消费在时间和空间上的高度集中问题一直得不到有效的解决,旅游经济长期处于供给不足和需求不足阶段性交替运行的格局,加上大众旅游发展初级阶段人均消费低——平均每人次旅游消费只有 771 元,今年的中秋国庆黄金周期间只有 425 元,从而给旅游投资和相关的资源配置带来了现实的挑战。这就需要投资主体、旅游运营商和各级政府共同努力,引导旅游经济平稳有序地运行,可持续地发展。

希望有更多的战略投资者进入旅游领域,与旅游资源富集、客源增长潜力大的地方政府合作,共同培育高品质的旅游目的地。目的地的培育不是建若干个景区和一批高星级酒店那么简单,而是广泛涉及游览、住宿、餐饮、娱乐、购物、内部交通等商业接待子系统,也涉及目的地形象构建、客源地推广、产品营销、区域间交通等客源集散子系统,还有旅游问询、旅游解说、安全救援、投诉受理、人力资源培训、政策配套、行政协调和区域协作等公共服务与公共管理子系统。现在的旅游目的地,特别是中西部的旅游目的地缺的不是景区和酒店等传统的旅游项目,而是完整配套的旅游产业体系。大项目驱动的目的地成长模式下,旅游投资越来越集中于高尔夫球场、高星级酒店和高端旅游综合体等“三高”项目集群。事实上,旅游投资者和运营商的商业视角完全可以更宽广一些。像北戴河新区、宁夏中卫市、甘肃敦煌市这样一些正在建设中的旅游目的地,还有成都、昆明、延安等相对成型的旅游城市，都正在致力打造完善配套的旅游产业体系。如果各地政府的规划能力能够与有实力的投资机构形成战略合力，市场空间将是很大的，生意可能是一代人都做不完的。

希望有更多的产业投资基金和金融机构在系统研究旅游产业存量的基础上，加强与旅游运营商的合作，在产业结构优化、商业模式创新和服务品牌创设方面有所作为。从统计数据看，全国共有包括1.4万家星级饭店在内的32万家旅游住宿机构和超过150家的乡村旅游接待单位，正式注册运营的旅行社已经超过了2.3万家，纳入统计范畴的旅游景区也有2万余家，还有直接为游客提供服务的餐饮、娱乐、购物企业，已经形成了规模巨大和影响力广泛的旅游产业主体。现在的主要问题集中在三个方面，一是产业集中度不够，今年旅游集团20强门槛是31亿元的营业收入。二是企业品牌和服务品牌数量有限，影响力也不够大。三是产业链条还不够长，更多还是着眼于那些直接为游客提供服务的项目和业态，旅游装备制造业和文化创意、市场研究、产品研发、营销渠道建设等方面的投资力度小。表现在市场上就是投资项目过于集中在消费前端，企业资源过于集中在直接生产和服务环节，“橄榄形”的商业资源配置模式无法转向更加重视研发和营销的“哑铃形”。把旅游业培育成现代服务业，是既定的国家战略。怎么培育？注重信息技术的引进固然是必要的，我们还需要导入现代投资模式和商业运营模式，也可以说是用市场主体的现代化从根本上推动旅游服务和旅游产业的现代化。在过去的十年里，如家、七天、锦江之星、汉庭等经济型酒店品牌，携程、去哪儿、同程等在线旅游服务商的成长，很大程度上可以归因于技术模式和商业模式的创新——把其他商业领域中成型的模式导入到旅游产业也是创新。连锁经营的经济型酒店通过少量的投资盘活了大量闲置的住宿资源，下一步的投资创新方向之一可能与高速交通网络有关，比如航空、高铁兴盛起来了，到景区和商业区的“最后一公里”怎么解决？自驾车旅游需求兴起，汽车租赁、汽车旅馆、汽车导航、汽车保险、汽车救援等一系列旅行中的需求如何满足？私人投资为主的旅行社如何增强抵御市场风险的能力？旅游娱乐项目如何更好地和文化创意相结合？旅游消费的时空集聚问题如何解决？对这些问题的回答都意味着潜在的商业投资机会。

希望有更多的风险投资者能够着眼于国民大众的旅游休闲需求，与创业者和商业实践的创新者一道培育更多的旅游业态。随着越来越多的80后、90后的年轻人成为旅游消费的主力军，在互联网和移动通信环境下长大的他们，在《超级女声》《非诚勿扰》《江南Style》等娱乐节目中成长的他们，追求自主、自助和自由的旅行方式，表现在现实中就是“自由行”的消费模式和散客化的市场特征。围绕游客出发前对目的地信息的收集、整理和决策，围绕游客在目的地期间的生活方式，围绕游客在客源地、中转地和目的地之间的交通方式，创业、创新和投资的潜力巨大。客观地讲，传统的市场主体在满足现代旅游消费需求方面是力不从心的，而大量的中小企业、微型企业，还有千千万万的创业创新者却长期得不到政府部门和投资机构的有效关注，特别是缺乏有效的信息沟通渠道和直接交流平台。只有让投资主体特别是风险投资者和产业基金与充满生机和活力的创业创新者深度融合，才能够在基于移动互联网的旅行服务、消费点评、汽车租赁、精品酒店、旅游购物和娱乐产品开发等旅游衍生消费领域培育出新的商业形态，以满足国民大众不断增长且日渐变化的旅游休闲需求。

最后，我很荣幸地代表中国旅游研究院和中国旅游协会正式发布2012年度“中国旅游集团二十强”名单。按课题组监测统计的旅游集团年度合并营业收入总额排序，他们是中国港中旅集团公司、携程旅游集团、锦江国际(集团)有限公司、华侨城集团公司、北京首都旅游集团有限责任公司、海航旅业控股(集团)有限公司、中国国旅集团有限公司、南京金陵饭店集团有限公司、广州岭南国际企业集团有限公司、去哪儿网、上海春秋国际旅行社(集团)有限公司、杭州市商贸旅游集团有限公司、中青旅控股股份有限公司、开元旅业集团有限公司、同程网络科技股份有限公司、安徽省旅游集团有限责任公司、景域国际旅游运营集团(并列第 16 名)、黄山旅游集团有限公司、大连海昌旅游集团有限公司、宝中旅游、华天实业控股集团有限公司。

谨向以上集团表示热烈的祝贺！并向所有致力于国民旅游福祉提升和实现旅游强国目标的企业家致以深深的敬意！

酒店产业需要更多的创业与创新人才

——在中国饭店业发展高峰论坛暨酒店人力资源发展与教育研讨会上的主旨演讲

（2012－12－14，北京）

各位酒店业界同仁，媒体朋友们：

上午好！

今天的会议主题与人力资源有关，应当说并不是新题目，但是当前形势下却是一个现实意义极其显著的主题。我查了近年来的相关文献，主要是围绕酒店员工流失率、薪酬、成长空间、管理实习生等话题展开的，整个行业似乎被抱怨和忧虑所笼罩：员工抱怨工作强度大、工资报酬低、成长空间有限，管理者抱怨高素质的员工不好招、招来了也留不住，业界抱怨院校培养的学生不是自己所需要的，学生抱怨自己成了打零工者。应当说这些问题都是现实中存在的，实质则是传统的人力资源观与新型文化和劳动价值观的冲突。这些问题的解决需要我们更多的改革勇气，还需要更大的发展努力，中国酒店业对于创业与创新人才的渴求从来没有像今天这样迫切。

创业和创新是酒店产业转型升级的需要。长期以来，以酒店为代表的旅游住宿业被视为传统服务业，为容纳就业人口特别是初级、初次和灵活就业人口做出了很大的贡献。据统计，全国共有 1500 家左右的星级酒店，加上经济型酒店、社会旅馆、政务接待宾馆、企业培训中心等，全部旅游住宿机构加起来会超过 30 万，另外还有 150 余万“农家乐”，直接就业人口 700 万人总有吧。应当说产业规模足够大了，但是也普遍存在产业分工不够细、产业链条不够长、科技应用不够广、商业创新不够快的问题，绝大多数的酒店企业结构还是传统的“橄榄型”，就是研发、设计、品牌、形象等前端和市场、销售、客户关系维护等终端投入资源少，对酒店的贡献小，而在中端的前厅、客房、餐饮等生产和服务岗位上配置的人力资源多。而在开放的市场和充分的竞争条件下，中端已经不再是形成企业核心竞争优势的领域所在了。怎么办？只有紧紧依靠面向旅游住宿需求的创业和经营管理过程中的商业创新，人力资源才能与酒店产业共同成长。如果说过去三十年是职业经理人主导的时代，那么今后将是一个创业与创新的时代。

创业和创新是酒店人重获职业尊严的需要。在我国的传统观念中，酒店被归于“车船店脚衙”的范畴，不怎么受人待见。随着改革开放和入境旅游发展而引入的国际酒店品牌，为中国酒店人第一次带来了职业价值和社会尊严的感觉，到现在还有年长一些的经理人员在怀念那时招工，会有面试人员排出几里地的美好时光。受劳动密集、经验主导、圈子提携等主流观念的影响，这些年来，我们对科技、教育和人才没有给予足够的认识，年轻人进不来，进来后看不到未来又离开了。坚持下来的，除少数做到国际品牌中高层管理岗位的经理人员以外，又有多少酒店员工为自己的工作而感到自豪呢？更多的是当成一份为谋生而不得不为之的工作罢了，基本上没有职业和专业的认同，更谈不上当成为之付出才华与激情的事业了。随着 50 后传统经理人员的离场，70、80 后的年轻人渐渐进入产业体系的中心，并将成为主导力量。进入中心、成为主导是好事情，意味着我们舞台更大了，同时也意味着责任更重了，更意味着每一位同行都需要做好思想上、组织上和能力上的充分准备。

在历史的转折时期，全体酒店人，特别是承载产业发展未来的新兴中坚阶层必须重新思考酒店的价值体系,自觉接受“更多的国民参与、更高的品质享受”的旅游产业理想召唤,自觉践行“服务创造价值”的商业准则,在创业和创新中重新寻找面向未来的职业尊严。

各位同仁,朋友们:

我希望更多的年轻人进入酒店这样一个大有可为的产业领域,在开创自己事业的过程中也为更多的兄弟姐妹创造更多的就业机会。十八大明确提出到2020年全面建成小康社会的宏伟目标,经济增长和国民收入都要翻两番,新型城镇化、发展服务业和科技创新将是经济增长和社会就业的重要保障。从产品和服务供给的现状而言,旅游属于传统服务业领域;但是从消费需求和国际发展经验,以及国务院2009年41号文件所确定的战略目标来看,旅游将成为现代服务业的重要组成部分。目前,我国已经进入大众旅游发展的初级阶段,随着全面建成小康社会的战略推进,大众旅游也将进入全面发展的新阶段,这将为旅游业态创新、旅游服务创新和青年人创业提供潜力巨大的市场空间。包括酒店在内的我国旅游经济发展,既需要“顶天立地”的具有支柱作用的企业集团,以及将来终究要“走出去”的跨国企业,也需要“铺天盖地”的富有增长活力的中小企业和微型企业。现在我们对酒店人力资源的研究和判断主要集中在存量方面,特别是中基层员工,对于高流失率、低劳动收入和有限的成长空间等问题的解决措施也主要围绕存量打转。着眼于存量的解决之道关键在于改革,在于对资本和劳动进行分配调解。客观地讲,在市场供求规模既定或者短期内调整空间不大的现实约束下,我看改起来不容易。因此,既要改革,更要发展和创新,用增量去激活存量。怎么办呢?宏观上就是更加充分地发挥市场机制在资源配置中的基础性作用,微观上就是鼓励更多有理想、有才华的年轻人进入酒店领域创业。十年前我就呼吁过旅游企业家的成长,现在看来,这个问题还没有解决。主流的意识还是到酒店市场上“找工作”,而不是“创造工作”,很多时候还是在“相濡以沫”上做文章,而不是在“相忘于江湖”方向下功夫。事实上，只要我们着眼于国民大众的旅游住宿需求，那么无论是业态的扩展，还是产业链条的延伸，以及市场分工的细化，这个领域都有大量的机遇。

我也希望我们的酒店人，特别是年轻人坚持面向国情、世情和旅情，与国民大众的旅游住宿需求及其变化共进退。21 世纪以来，伴随着国民大众旅游的兴起，一批敏锐地把握了住宿需求变化的企业家借助资本市场的力量，导入连锁经营的商业模式，成功创建了如家、7 天、汉庭、锦江之星等经济型酒店品牌，吸纳了数以十万计的就业人口。在此过程中，创业者也获得了商业和社会方面的回报。正如美国哲学家约翰·杜威所说的那样，“谁拯救了我们，谁就是我们的英雄”。在市场经济条件下，只有那些敏锐地把握旅游住宿需求的变化并为其提供物有所值的消费福祉的人，才是真正对社会有贡献的人。我们正处于民族复兴和旅游产业发展的战略机遇期，要在立足国民旅游住宿市场的基础上，视野放得更宽广些。上个月在南京我曾经就“酒店品牌创设的市场逻辑与商业行为”发表过一次专题演讲，提出了新一轮酒店品牌创设的时代已经到来。从传统酒店集团的诺金（首旅）、J（锦江）、谭阁美（首旅）到经济型酒店集团的和颐（如家）、喜玥（汉庭）、水晶（桔子），再到更新的进入者布丁、99，我能够明显感觉到酒店领域中的创业热潮。这样一个朝气蓬勃的时代正在呼唤更多有理想、有责任、有坚守的青年人才投身到酒店及其相关商业领域中来，也必将对传统的人力资源体系产生直接的冲击。需要说明的是，在传统业态之外，民居客栈、青年旅舍、汽车旅馆、房车宿营地、小型精品酒店等业态都将是下一步的创业空间。另外，围绕酒店的运营与管理主体，我们还可以沿着产业链条上下游寻找创业和创新的机会，比如酒店设计、新型建筑材料、网络预订、信息技术应用、电子支付、传媒广告、管理咨询以及布草的集中洗涤、主题餐厅植入、商务空间租赁、人力资源的专业培训与提升等外包业务，都是可以与传统酒店业务进行合作的。总之，只要我们的视野打开了，就会发现人力资源的作为空间是极其广阔的。

我还希望我们的酒店人更加充分地认识到知识、科技和人才在产业进步和商业创新中的重要作用。长期以来,人们对于酒店的认识似乎就是端盘子、领位子和铺床叠被子,就是这些劳动密集型的岗位,对人力资源的需求主要就是听话、能干、肯吃苦。经理人员觉得中专技校生就够了,不需要太高层次的人才。业内有一种流传很广的说法:我们需要的是上场打篮球的人,不是坐在教室里学习篮球起源的人。初听似乎有道理,仔细一琢磨,怎么这么熟悉呢?洋务运动初期,我们把西方的先进归结于坚船、利炮和精兵,后来甲午战争把我们打醒了,看到了背后的科技和组织的支撑,再后来又发现了制度、文化和思想的作用。在教育领域,出于对传统儒家思想和文史哲主导模式的反思,结果走向另外一个极端,就是强调教育的"有用性",强调直接为实践服务,甚至高等教育中的本科、研究生教育也要引进职业技术教育的"订单式培养"。在强调理论与实践相结合、教育服务产业的背后,事实上是对传承文化、创造知识进而服务社会的教育目标的放弃。历史和现实中的酒店从业者都是从实践中成长起来的,加上洛桑为代表的国际酒店专业教育的影响,导致拥有产业话语权的传统精英群体对于人力资源的培养与使用已经形成了"从基层做起、从一线做起、从经验积累做起"这样固定的路径依赖。对于青年员工而言,实践和经验固然是必要的,但是一直以来的反复宣传和过于强调,是不是含有对科技与文化的忽视,是不是含有对新时期知识精英的排斥呢?我看是有的。回到现实中来,越来越多的80后、90后开始成为旅游住宿市场的消费主力和员工主体,他们是互联网和移动通信环境下长大的一代,是世界经济一体化和多元价值观影响的一代,也是渴望自主、自助、自由的一代。尽管没有传统的从业经验,但是他们拥有知识、科技和理想——在商业创新过程中,这是远比经验更为稀缺,也更为宝贵的资源啊!比如酒店入住和结账程序与标准,如果引入信息技术,那么手工操作时代的SOP可能就需要有颠覆性的变革;比如在团购、网购、网评和即时通信的环境下,传统的营销体系就可能面临重构的挑战;再比如一曲《江南Style》风靡全球、周杰伦都快要过时的文化冲击下,酒店的人力资源管理和组织文化建设也要求我们反思并形成新的激励约束体系。因此,新时期的酒店管理实践正面临着消费、市场和组织等全方位创新的挑战,必须从战略上重视科技、教育和人才在酒店产业发展和企业运营中的作用,特别是要重视年轻人的培养和使用。放眼未来,酒店产业也好,国家和社会也罢,终究是要交给他们的。

未来的十年,是全面建成小康社会的十年,是实现旅游强国目标并为之奋斗的十年,更是新型酒店人力资源大有可为的十年。一个创业和创新的时代正在向我们招手!年轻人,准备好了吗?

旅游发展需要更加多元、更高层次的商业创新

——在中国旅游科学年会旅游创新专题研讨会上的主旨演讲

（2013－04－21，北京）

尊敬的中国旅游协会吴文学副会长，

各位嘉宾，同志们，朋友们：

蛇年的春节已经过去了，但蛇年新政带来的冲击还远没有过去。到各地调研时，大家问得最多的是如何看待当前旅游经济形势。事实上，尽管旅游市场的基本面依然保持持续向好的态势，但新一届政府的新政还是引起了旅游业界特别是高端餐饮业的担忧。你看，净雅大酒店门口的停车位也不难找了，湘鄂情也开始送外卖了，有的五星级饭店还主动要把牌子送回来。在这样一个形势下，把握和应对旅游市场的机遇和挑战变得前所未有地迫切。一方面，“春江水暖鸭先知”，无论酒店业还是餐饮业都在关注市场的变化，这意味着企业变得更成熟了；另一方面，旅游政策与企业息息相关，企业和企业家对市场需求、宏观环境的变化更加敏感。我看是一件好事。

回想 20 世纪 80 年代，我们的企业不需要关注市场变化，因为入境旅游红

利是这一时期旅游企业的主要收益来源。1999 年国内旅游兴起后,企业也不需担忧,因为政府部门和国有企业的大规模投资支撑着高端餐饮。但现在不同了,对于企业而言,无论是投资所需的资本还是市场份额,都必须经由竞争的手段去获得。反之,没有经过市场锤炼的企业,就不可能是有活力、有成长性的企业。从当前形势看,不仅企业着急,政府也着急。

国务院 41 号文件出台后,旅游业被提升到“国家战略性支柱产业”的高度,各方千方百计地推动旅游市场规模扩大,通过旅游业拉动内需,成为各级政府的共识。2012 年,我国旅游业总收入达到 2.6 万亿元,国内旅游人次达 29.6 亿人次。各级政府以及金融、制造、通信、互联网力量都对旅游业投入了前所未有的热情。政府通过产业融合推动目标实现。为此,政府也付出了很大努力:从国务院 41 号文件、建设海南国际旅游岛、国民旅游休闲纲要、中国旅游日、中俄旅游论坛,到国家首脑首次在旅游年开幕式上致辞,提出“旅游是人民生活水平提高的重要指标”。旅游主管部门也在旅游规划、美丽中国的国家旅游形象推广、省部际合作、旅游立法等方面做了大量工作,乃至在世界范围内推动更多的双边与多边合作。这是为什么呢?我看是为了把握市场演化趋势,推动旅游产业升级和创新。我想无论是游客,还是企业,对于政府所做的每一份努力都是看得到的。今天,我们在此集会,不仅仅是为了在产业繁荣、产业创新方面达成共识,更重要的是要找到旅游产业创新的驱动力量和实施路径。

回顾过去 30 多年来的改革开放历程,纵观全球 170 多年的旅游产业演化进程,我们不难发现一个简单的道理:企业,也唯有企业,才是产业创新的有效主体。

在过去的 10 年中,特别是近几年来,中国的旅游企业在市场机会的发现、新技术的应用、连锁商业模式的引进、新品牌的创设,乃至跨国并购等方面,一直在持续不懈地努力,并取得了可圈可点的成就。熊彼特曾说,企业家在于追求创新、承担风险和获取利润。杜拉克也曾说过,企业存在的目的在于创造顾客,而要达成这项目标则需要创新和营销。2007 年,布丁酒店把风靡欧美的 Pod Life 理念带入中国。2011 年,凭借商业模式的创新性和公司规模的高成长性,布丁酒店连锁成功入选创业邦"中国年度创新成长企业 100 强"。去哪儿网推出了 TTS 在线交易系统模式,虽然目前遇到了商业模式革新的有力挑战,但 TTS 符合平台型电子商业模式的逻辑,让消费者有更好的用户体验,应该有很好的发展前景。创新也是海航成功的根本原因,海航从组建伊始就按照现代企业制度的要求操作,无论在投资多元化、经营管理机制上,还是在资本运作等方面都进行了创新和尝试,从而取得今天的成功。千千万万的大众旅游者,之所以能够享受今天这样的一种旅行服务,中国的旅游业之所以能够引起世界范围内同行的尊重,是与包括携程、海航在内的一批旅游企业,还有像范敏、张岭等这样的企业家的努力分不开的。你们有理由去获得社会各界的尊重,也应当获得来自政府和市场的掌声。在此,我想谈几点关于商业创新的期待,与各位共勉。

我希望各位能够共同认识到创新是旅游产业发展的根本推动力量。因为我们面临的旅游市场正在发生急剧的变化。过去,团队、包价、观光是旅游需求和市场消费的主体特征,在处在大众旅游发展阶段的今天,自由行、自驾游正在成为新的现实选择。从刚刚过去的 2013 年第一季度旅游经济运行的监测结果来看,通过传统的旅行社服务模式完成自己旅游消费的游客只占全部市场不到 4% 的份额。散客化不再只是概念,而是摆在产业面前的现实形态了。客观地讲,我们的企业和政府对此并没有做好理念、组织和监管上的准备。过去没有纳入旅游产业视野的要素被纳入进来了,比如达沃斯的旅游竞争力评价,中国旅游研究院的全国 60 城市游客满意度评价中,环境、天气、施工、出租车等都成为影响游客对目的地城市的满意程度和作出目的地选择的显性因素。过去,老百姓没机会旅游,出去转一转就很高兴了。现在旅游已经成为常态消费,"有没有"的问题解决了,"好不好"已经提上日程。不创新行吗?弄不好我们会被市场抛弃的。

我希望创新是建立在对大众旅游消费市场有科学把握的基础上的。一定要记住我们要做的是商业创新，与学术创新，与基础发展研究是不同的。邮轮旅游还不是老百姓想领略大海风光，在海上度过一段愉快的旅程？旅游支付卡看起来是支付工具的改革，我看还不是老百姓对支付方便有现实的需求？不论是散客还是团队，到了目的地，总是要安排餐饮、住宿、购物。团队需要安排，散客也同样需要。因此，从团队组织到目的地管理的转变就有了现实需求。过去，游客在出游前要了解目的地信息，而目的地企业需要把产品形象传递出去，能不能多一些市场化手段？总之，创新从来不可能脱离对市场的判断。现在不是讲大数据吗，携程拥有 10 多年发展积累下的旅游消费数据化资源，Hopper 声称自己已经抓取了超过 5 亿页旅游数据。过去我们叫历史数据，现在看来就是商业创新的基础。大数据不是简单的统计，而是从中发现规律。约翰·杜威说："谁拯救了我们，谁就是我们的英雄。"而在当前日新月异的市场中，谁能满足大众需求，谁就是成功者。鸿鹄逸游专注高端旅游，可以做得很红火，但真正能够支撑一个商业帝国的，我看还是千千万万的大众消费。

希望旅游企业在创新过程中更加重视商业模式的创新、科技应用和人才的培养。我到张岭总的海航旅业去看过，70 后、80 后都独挑大梁了，我也好生羡慕。过去我们都说，旅游是劳动密集型、经验密集型产业，强调细节、绣花针功夫。这没什么不好，但现在我们更需要从手工业转向工业化，进而转向技术引领。乔布斯带给我们的不仅是苹果，而且是信息时代生活方式的改变。携程的商业价值也不仅仅是给股东带来多少利润，而且是重新定义了客源组织和旅游服务的模式。海航旅业也不仅仅是酒店建设、邮轮、支付卡的引进，而且是让传统业界看到了新经济的力量。技术、人才、商业模式的创新可能会有失败，但不要放弃。如果抓不住这几点，我们连创新失败的机会都没有。盯住市场的资源，而不仅是政府的资源来创新，是一个历史的进步。

最后希望大家共同来改善并维护一个不断竞争的市场环境。市场竞争是包括旅游创新在内的根本制度保障,历史已经并终将证明,寻求竞争优势而不是市场垄断地位才是企业发展的王道。说到这儿,我想到一家企业,去哪儿。最近网上传言去哪儿公开与OTA们谈判,谈TTS的问题。有人说,过去我是去哪儿的供应商,过去能合作,现在还能合作吗?有人说,只要能够让消费者的福祉得到保护和提升的商业模式,就是好的。还有人说,好不容易建立起来的清晰的商业和市场结构,又要陷入混乱。我看,乱一些没什么不好。正如熊彼特所说,任何创新都是毁灭性的破坏,任何一种创新必将会改变现有的市场格局。最终,来自游客、供应商和渠道商的竞争博弈将会让市场归于更新、更高,也更加优化的商业均衡。

古人说:“享天下之利者,任天下之患;居天下之乐者,同天下之忧。”在实现小康社会旅游梦的伟大进程中,既然我们的企业已经作为独立的力量登上了历史的舞台,并获得了社会的掌声,那么就必然要承担起社会的压力、担负起创新的责任。与诸位共勉!

发现旅游产业调整期的市场创新主体

——在广东旅游发展研讨会上的主题演讲

（2013－08－30，广州）

同志们，朋友们：

在我国旅游经济运行的战略格局中，广东一直扮演着举足轻重的角色。这么说，不仅是因为广东是重要的入境旅游和国内旅游目的地，更是因为广东是旅游市场主体发展和创新最为活跃的地区之一。花园酒店、中国大酒店、白天鹅宾馆，广之旅、南湖国际旅行社、广州铁道青年旅行社、深圳宝中旅游，岭南国际、长隆集团，七天连锁酒店……还有更多执行业牛耳，并将在中国产业发展历程中写下光辉一页的旅游企业，以及领导这些企业的商业领袖，都是令人尊敬并引以为傲的名字。值此我国旅游经济正在步入一个历史转折点和战略调整期，能够受邀来到这块旅游创新的热土，我愿意与同志们一起去发现更加多元的市场创新主体。

我们知道，2013 年上半年，入境旅游市场增速下降、国民旅游市场减速上升的趋势更加明显。入境旅游人数下降 2.7%，是 2009 年以来同期最大跌幅。国内旅游人数增长 9.8%，近 5 年来同期增幅首次低于 10%。在此形势下，旅游经济发展正面临“一个调整、两个不适应”。“一个调整”就是市场基本面正在发生重大调整。一个从封闭到开放带来红利的时代已经过去，一个高速增长的时期,靠政策来进行调整突破和刺激需求的时代也已经过去,再考虑宏观经济的影响,旅游市场正在从高速增长期进入平稳发展期。这是一个关键节点,也是一个重要的转折点,预示着一个新的时代正在到来。"两个不适应",一是传统产业经营方式的不适应。部分企业家和经理人员对旅游市场发展有彷徨、观望情绪,对未来市场走向不甚明朗,"不知该怎么办"。部分企业依然停留于小打小闹状态,甚至梦想回到计划经济时代,但过去的时代已经一去不复返了。不管目前这个新的时代有没有奋斗的障碍,大家对旅游服务、市场环境有多大的抱怨,但是新的时代已经到来,回是回不去的。另一个是政府管理方式的不适应。许多政府管理方式仍然停留在计划经济时代,直接做项目,未能根据市场的变化及时做出调整,我们的政策往往跟不上产业的步伐。从这个角度去解读,一些地方正在做的事情,包括近期一些地方政府牵头的总额超过 5 万亿元、数量超过 1000 个项目的旅游投资预算,以及进行旅游综合体项目网上挂牌督办等,引起了争议和质疑。

目前,旅游市场正处于持续往国民的、大众的旅游需求方向回调的战略转折期,常态化旅游需求已经成为不可逆转的市场趋势。中国旅游市场先后经历了入境旅游、国内旅游、出境旅游的发展过程,主体市场已由外生需求回调到内生需求,奠定了以国民大众旅游消费为主体的市场格局。近年来,特别是 2013 年以来,旅游市场加快往国民需求方向回调、国民旅游市场加快往大众需求回调的两大趋势更加明显。旅游领域的消费模式、信息技术及人力资源都发生了历史性的演变。新的旅游消费模式以年轻人追求时尚的需求为主体,信息技术在旅游领域的应用达到前所未有的高度。长期来看,我国宏观经济形势将维持中速增长,公务、商务需求也将相应放缓,老百姓常态化的旅游需求及其增长将是未来一段时间内我国旅游市场需求的主力。

与此同时,旅游产业也面临着从政府主导的非常规发展道路向市场主导的常规化发展道路回调的关键时期。过去我们旅游市场的发展道路是非常规的,并形成非常规的产业体系和商业模式。国民旅游发展起来以后，以大众消费需求为导向的主流产业却没有相应发展起来。在新的形势下，人民群众快速增长且日渐变化的旅游休闲需求与落后的商业模式之间的基本矛盾更加突出，旅游投资和产业运营急需回调到国民大众旅游消费的基本面上。2012 年，我国经济型酒店总数已达到 9924 家，与 2011 年底相比增加了 2610 家，增长幅度为 35.68%。以如家、7 天、汉庭、锦江之星为代表的经济型酒店的出现是对产业发展的一种“补课”，但与大众旅游的要求相比，这种回补还远远不够。因此，旅游产业发展面临的最大挑战不仅仅是体制机制滞后、发展方式粗放等具体问题，更关键的是在国际环境转变和国内经济转型的发展背景下，如何应对急剧变化的市场挑战。

在市场需求和产业发展双向回调的大背景下，引导大众旅游市场的商业模式创新、更好地发挥市场自我调节的作用而非依赖“托底”性政府投资应成为旅游政策基本取向。在早期以创汇为目标的入境旅游发展导向下，我国形成了政府主导、为小众市场服务的高端旅游接待体系，产业化、市场化发展迟缓。各级政府习惯以行政之手干预产业运行，直接进行大项目投资。政府没有按市场规律办事，忽视了市场在资源配置中的关键作用，将资本、人才更多引向旅游地产、高端消费等，加剧了区域间和业态间的非均衡发展、“产能过剩”等矛盾。面对当前旅游经济相对不景气的形势，政府应沉着理性看待，抓住这个难得的战略调整机遇，鼓励和引导大众市场商业模式创新，更好地发挥市场自我调节的作用，增强经济发展活力和后劲，而不要再盲目拉高产业投资，盲目发展传统业态。

同志们，朋友们：

当前我国旅游产业正在进入以大众市场和社会资本为依托，以资本、技术、年轻创业者和新业态为表征的战略调整期和新的发展阶段。民营企业、社会资本和当代科技正在成为下一步产业发展的重要影响力量，特别是年轻人正在改变旅游的世界。

创新领域主要集中于依托国民旅游休闲需求,特别是满足大众核心需求的新业态。2007 年,布丁酒店把风靡欧美的 Pod Life 理念带入中国,使酒店、科技和时尚等离游客如此之近。去哪儿网推出了 TTS 在线交易系统模式,让消费者有更好的用户体验。海航从组建伊始就按照现代企业制度的要求操作,无论在投资多元化、经营管理机制上,还是在资本运作等方面都进行了创新和尝试。携程经过十多年的努力,已经形成了过亿级的会员数量,在新型的"自由行"客源市场和传统的休闲度假市场上都形成了很高的市场知名度和客户忠诚度。中国的旅游企业在历年的"中国年度创新成长企业 100 强"中均有突出表现,汉庭酒店、布丁酒店、桔子酒店、吴地人家酒店、新品印象、驴妈妈旅游网、途家网、食神摇摇、一嗨租车、神州租车等一批旅游企业榜上有名,范围涵盖了经济型酒店、精品酒店、餐饮企业、在线旅游服务、租车公司等各旅游行业,是旅游新业态的典型代表。过去我们追求产业进步,习惯盯着高端豪华消费,盯着政府需求。现在的产业创新,一定要盯着老百姓基本的消费,关注国民大众最核心的需求,我们的思想观念和发展导向一定要跟上这个变化。

产业创新的主要驱动因素主要是利用当代科技、文化创意、教育和人才支撑要素的社会资本。随着大众市场的进一步发展和需求多元化,利用当代科技、文化创意、教育和人才支撑的社会资本力量发展起来了,而且社会资本的力量有的已经从策略性行为走向战略性行为,比如万达、世纪金源,比如中信的产业投资基金,形成了一种战略性投资力量。如家、携程、海航、去哪儿等一批民营企业,正逐步成长为旅游市场创新的引领者。阿里巴巴、百度、腾讯等纷纷以信息技术为切入点进军旅游业,也是此趋势的集中体现。这股力量对产业而言不仅仅是私营概念,实际上是社会资本介入。社会资本用专业化的力量来运作,这部分力量正在崛起。

我们还应当对掌握了现代商业发展规律的民间力量投以更为关注的目光。

过去我们对旅游产业，更多强调其特殊性的一面，现在来看，不管饭店、旅行社、景区，首先要服从于商业的一般规律。过去一讲饭店，就讲服务，讲技能等一些最基本的东西，现在讲饭店，更多要讲人力资源，讲市场营销，讲公共渠道，讲创意创新。从近几年来看，资本市场介入、连锁化经营、技术应用构成推动现代旅游业发展的三大支撑要素。如家和颐、汉庭全季、桔子水晶、布丁、铂涛菲诺等创新品牌莫不如此。

积极寻找大众旅游市场机会的国际资本也是旅游市场创新不可忽视的主要力量。国际数据集团、富达资本、摩根士丹利、华平基金、高盛集团、海纳国际、光速创投等国际投资机构涉足我国经济型酒店、租车公司、在线住宿平台等国民大众性需求产业，积极抢占国内蓬勃发展的大众旅游市场。国内旅游企业在大陆之外上市的，其背景更具复杂性，有了国际资本的一些特征。汉庭、如家等一批经济型酒店集团在美国上市，开元集团在香港上市并获得渣打银行牵头给予的 19.3 亿港元贷款，上述上市企业的发展遵循国外或境外的资本意志和监管制度。国际资本在进入国内市场时，会采取更加巧妙的方式，会更为按照商业的一般规律进入中国。

同志们，朋友们：

当前不仅旅游市场在发生变化，市场主体在发生变化，而且商业行为也在发生变化。饭店评星、旅行社资质、景区等级等传统行政支撑已经不是他们最需要的。在市场发生新变化、政府削减审批权的大背景下，政府有必要以更加积极的姿态去寻找、发现并引领市场创新主体。

首先，敏锐捕捉市场变化，切实提升政府对旅游产业创新和可持续发展的领导力。托克维尔的《旧制度与大革命》讲道，特权阶层一方面在享受自己的特权，另一方面平心静气地论述所有根深蒂固的习俗如何荒谬，享受新力量对他们的一种娱乐感。权贵阶层在对合法性进行质疑的同时，还希望既能保护特权，又能享受新的思想带来的快感，实际上到最后新的变革力量已经从旧制度中间出来了。市场在悄悄地起变化,产业在变化,如果把握不了这种变化,我们的产业领导力、行业影响力、社会话语权都将进一步弱化。过去是政府主导,现在一定是市场机制,不管我们是否承认,市场机制都在逐渐成为根本性的主导力量。如果政府跟不上,那么领导行业的合法性都可能会受到质疑。现在政府旅游主管部门不敢过多触碰社会资本和民间资本这块,实际上这部分力量恰恰是最能代表未来的。谁服务好大众旅游需求,谁就是新时期的创新力量,谁就代表旅游产业的未来。这里面要解决产业发展依靠谁的问题。什么叫嫡系部队?能打仗的部队才叫嫡系部队,我们现在找不到自己的“嫡系部队”。如果我们把握不了新时期的创新主体,找不到我们的“嫡系部队”,我们对产业调整的影响就会出问题,宏观调控就没有着力点。政府主管部门应敏锐地捕捉市场需求的变化信号,及时做出政策、监管、市场服务等方面的变化,适应大众旅游消费需求的发展需要,提升自身的行业领导力。

其次,积极引导和扶持新的创新主体。各种创新主体的创新活动一方面会促进产业的发展,另一方面也可能有破坏性的力量。正如一个小孩子,成长的时候,有无限的未来,无限的可能。这无限的未来,可能好也可能不好,需要积极地引导他。怎么去引导他?就是要跟他们在一起,因为他们满足了老百姓最核心的需求,他们始终和中国最广大的游客在一起,这个目标方向是一致的。只有跟他们在一起,才能引导这些创新的主体。他们与传统体制下的国有企业不同,国企的资源是政府的,发展机会是国家给的,他们对政府的认同度是很高的。但创新型的市场主体,如家、布丁、携程等等,他们依托市场需求,依靠技术创新自主发展起来,规模比较大,能力比较强,贡献比较多,他们对政府和社会可能没有类似的认同感和自觉性,他们的认同是利益导向的认同。客观地讲,满足老百姓需求的,不是政府官员,也不是体制内的企业,而是千千万万市场创新主体在满足老百姓的需求。上述企业在满足市场需求的过程中,政府如何去解决他们面临的问题,怎么制定相应的产业政策,是新时期旅游主管部门要思考的问题。政府要深入到旅游商业第一线中去，切实增强对这些创新主体的实感，给市场创新主体更多发声的机会。

最后，还要积极帮助传统业态向市场化、现代化过渡。积极引导传统业态，特别是体制内企业走市场化的道路，主动参与市场竞争，目前这个进程还没有完成。引导传统业态推动企业的市场化投资，重点投资关乎老百姓的日常需求和常态化需求的东西，鼓励发展那些让国民大众享受得起的旅游服务品质，旅游业态培育与各地旅游目的地的完善都应围绕国民大众的旅游消费布局。鼓励传统业态积极运用现代科技和信息技术，加强现代管理体制建设，加快实现企业的现代化转型。在技术方面以应用为主，在业态上强调连锁经营，推动传统旅游企业的自主研发和商业创新。

寻找被遮蔽的世界

——在广东旅游与互联网创业论坛上的主题演讲

(2013-08-31,广州)

各位同仁,朋友们:

此时,在广州这座繁华的都市中,在这座现代化的展馆中,我想起了小时候在淮河北边眺望着对岸的城市蚌埠。那时随父母家人招待从城里到乡下来串门的亲戚,看他们的穿着、谈吐,也分享他们带来的食物,总觉得他们是从另外一个世界,另外一个我没有去过却又非常向往的世界里来的。那个时候没有城市形象包装,没有旅游宣传,也没有互联网,只是普普通通的市民生活吸引了乡下的学子,是我自己主动走到它的身边的。从河的这一边走到那一边,整整花了我22年的时光——1989年,我到城里上了大学。

长大了,行走得多了,在传统的江南之外,最喜欢的城市有了西部的成都。喜欢它的武侯祠、杜甫草堂;喜欢它的春熙路、宽窄巷子、玉林串串香;更喜欢它的那种富有富的知足,穷有穷的乐活,游客与市民共享一个平等、包容且从容的空间。这种感觉我在厦门和广州同样可以感受得到,所以上个月在厦门做城市旅游发展的公开演讲,我用了"一个人的休闲"做主题。离开了个体的现实感受,离开了市民淡定从容的休闲生活,特别是自己没有休闲的状态,却要刻意做出一个空间让游客来休闲,天底下断没有这样的事情。所以,直到现在,我也不记得成都、厦门、广州等城市的宣传语是什么,它的特质与温暖,是我自己亲手触摸到的。

服务中国旅游研究院以后,有更多的机会代表国家旅游业界和学术群体到世界各国旅行、演讲和交流,也有机会到访和感受更多的旅游城市。很喜欢比利时王国一座名为布鲁日的小城,有几百年甚至上千年历史的建筑触手可及,搭载游客观光的马车在街边静静地等候,沿途介绍城市的历史掌故,也聊些家长里短的琐事。下车后,你给或者忘记了给小费,驾车的女孩都会留下一个淡淡的微笑。现在有了网络,可是这些日常的景象依然只能在当地感知,只能在主人与客人的对话中体味,于是我自己把它记录了下来,并愿意把它写成经典。

说这些琐琐碎碎的故事,只是想与大家分享:在互联网和有意识、有策划、有组织的旅游宣传之前,旅游目的地形象就经由人们的口口相传而存在了;在互联网时代,在旅游营销已经演化为完整的产业链条的今天,打动人心的依然是那些日常生活可以触摸到的温暖;互联网和商业传播在挖掘曾经被遮蔽的世界的同时,也可能有意无意地遮蔽了文明演化进程中那些质朴的真实。

各位同仁,朋友们:

在旅游和互联网创业者云集的这个地方,我想说:旅游是人类长存的生活方式,是十八大确定的两个百年中国梦想的有机组成部分,是一个值得投资、有利创新的领域。尽管从 20 世纪 80 年代,国家就致力于发展旅游产业,但是那时能够享受旅游的主要是外国人和港澳台游客,国人对旅游产业的参与主要体现在专业服务的提供。从 1999 年第一个国庆长假开始,国民大众开始成为旅游消费的主体。自那时起,旅游经济进入了快速增长、持续创新的黄金发展期。2012 年,国内旅游市场规模就达到了 29.6 亿人次和 2.3 亿元人民币,成为全球最大的国内旅游市场。同期出境旅游的市场规模也以 8318 万人次和 1020 亿美元的消费成为世界旅游稳定增长的发动机。今天,国家发展旅游也不仅仅为了获得外汇,不仅仅为了发展经济,而是认识到“旅游是人民生活水平提高的重要指标”。(习近平,2013)国家为此颁布了《旅游法》《国务院关于加快旅游业发展的意见》《国民旅游休闲纲要》等一系列法律、法规和促进政策。看到巨大成就的同时,我也知道还有很多父老兄弟还没有真正参与到旅游活动中来。目前,国民总体出游率还不到2.5,与发达国家8左右的出游率相比,我们还有很大的差距。在这个美丽的世界上,有太多值得一去的国家、地区、城市和乡村,可是如我一样成长的兄弟姐妹还没有到访,甚至都不知道它们的存在。就是有幸参与旅游的老百姓,所能分享的品质也还有进一步提升的空间。2012年,国内游客的人均消费还不到800元人民币。出境消费能力比较高一些,可是一半的预算是用来买东西的,扣除必要的交通费用,住的、吃的,还有文化体现方面的体验消费仍然处于低级阶段。很多时候,广大游客还不得不承受强迫购物、高价海鲜、同团不同价之类的消费陷阱。就是这样,老百姓出去走一走,看一看的愿望还是如此强烈,以至于今年上半年整体经济形势并不乐观的情况下,国内旅游人次和消费总额仍然保持了10%和15%的增长。基于此,我们做出了“当前仍然处于旅游发展的黄金期”的战略研判,并对全年旅游经济形势保持相对乐观的预期。希望各位技术和商业领袖对旅游和休闲领域投入更加关注的目光,在科学把握旅游市场基本面的基础上,为国民大众带来一个更加丰富多彩的世界。

今天的中国旅游产业,是大众的、市场的,也是技术的。移动通信、互联网与商业和市场的合谋,成功改变了目的地推广和市场营销的平台、路径与方式。在为技术进步改变了旅游产业格局鼓与呼的同时,我也想说:让商业伦理与技术、资本和市场共同成长,为了旅游产业的可持续发展,为了旅游经济的理性运行,请各位已经和即将成为旅游领域商业领袖和青年才俊们告诉游客一个真实的世界。记得三年多前,微博刚刚展露第一社交媒体的锋芒,一位媒体出身的朋友到我的办公室谈移动通信、互联网与社交媒体在旅游营销中的应用前景,谈他雄心勃勃的商业计划。望着他年轻而有激情的脸庞,我认真地告诉他:我了解这个领域传统的商业模式，只要你带着互联网技术和商业模式走进旅游领域，肯定会成功的，我也会用自己的方式肯定和鼓励你和公司的成长的。但是，请你在商业目标之外，一定要多思考技术和商业伦理的问题，比如互联网为平台的新媒体在旅游营销中的角色，比如宣传、推广和营销在旅游目的地建设，以及整个旅游经济体系中的作用，比如游客、企业和政府旅游主管部门对我们从不了解到认同，再到依赖的时候，我们该如何客观地评价自己，并给自己一个恰当的定位呢？

不得不承认，当初的担心并不是多余的。新技术和新媒体在旅游领域高歌猛进，商业上也多有成功的案例，然而旅游目的地形象塑造、宣传推广的传统理念与经典模式却由于技术和商业的自大而有意无意地被遮蔽了。城市也好，乡村也罢，之所以存在的首要意义是为这块土地上的居民服务，服务他们的生产、生活、政治、宗教或者军事的需要。秦始皇修长城、李冰修都江堰、苏东坡修西湖的那个“苏堤”，巴塞罗那的那个建了175年、还未完工就已被授予“世界文化遗产”称号的圣家族教堂，还有广州的“小蛮腰”……诸如此类已经成为今天旅游吸引物的地标性建筑，当初有哪个是为了发展旅游而动工兴建的？西班牙的斗牛、西双版纳的泼水节、广东的醒狮、哈尔滨的《太阳岛上》、厦门的《鼓浪屿之波》……又有哪个是为了旅游而策划出来的？历史的真实告诉我们，出于城市发展和市民生活的需要，加上市民真实而自然的幸福生活和到访者长期的口口相传，让这些建筑、活动和城市成为异国他乡的人心向往之。现在一说到发展旅游，就是宣传、就是策划、就是大项目和大活动。随便做个什么事情，都要拉几个所谓的“意见领袖”、“大V”去搞微博直播，一时间倒也热闹。不管是游客的真实参与还是动用“水军”人为推高的结果，主办方听说一下子就有成百上千万的受众参与了这个活动，也是皆大欢喜。殊不知，浮华总会雨打风吹去，等到人为的潮水落去，我们是否有莫名的惆怅呢：真的有这么多的人对一个专业活动如此感兴趣吗？真的几乎百分之一百的感兴趣者都是正面评价吗？正面评价者又有几人对举办地的兴趣转化为旅游的动机和到访的决策呢？就算是奥运会、世界杯这样的大事件，现在无非也是留存于博物馆中的几项物件，留在人们记忆中的若干符号罢了。北京、伦敦、巴塞罗那、雅典……其旅游业的繁荣我看也多是由城市本身的发展而引致的，几次事件，不过让高飞的鸟儿多几根轻扬的羽毛罢了。

对目的地建设和市场推广负有直接责任的旅游行政主管机构，固然要高度重视以移动通信和互联网为代表的当代信息技术的应用——对各地重视发展智慧旅游，这我也是极其认同的，但是更要明白，旅游目的地的整体环境、服务品质支撑起来的游客满意才是旅游可持续发展的根本保证。我们可以借力，但是不能舍本逐末。网络是旅游推广的重要平台，也是倒逼游客满意度提升的重要抓手。

各位同仁，朋友们：

我还想与关注和投资目的地营销、致力于信息技术与旅游业融合发展的产业资本人士谈谈心。我知道社会资本正在成为旅游产业调整期的市场创新主体，并为此投入大量的学术资源加以倡导和鼓励，我也希望你们能够重新发现旅游目的地演化进程中经典的价值，尊重旅游服务和商业运作中传统的理念，比如对游客核心消费诉求的关注，比如对自然环境的保护，比如对社区原居民特定文化传承的尊重。我为什么反对凤凰古城整体收费，就是因为它是由城镇居民、商业机构和公共服务机构共同组成的生活空间。你把它关起门来收费了，世代生活于此的居民是什么角色？是市民、企业员工，还是被观赏的对象？所以我说资本和政府这样做，将面临法律和伦理的双重考问。当然，资本和技术携手进入的旅游领域不仅是目的地开发，还包括旅游住宿、旅游预订、休闲娱乐、交通出行等多个业态。我们能够感觉到，一个旅游自主创新和商业品牌创设的时代正在到来。从经济型酒店到中高端品牌，从 OTA(Online Travel Agent，在线旅游代理)到 TTS(Total Solution 酒店在线交易系统整体解决方案)，从单个旅游项目的投入，到社会资本对旅游产业链条的战略性整合，从目的地营销到目的地管理，既有创新范围的扩大，也有传统业态的提升。现在依然是互联网与旅游融合发展的黄金机遇期，但是仅凭导入一个技术概念和商业模式就可赚得大钱的时代似乎已经过去了。昨天晚上中央电视台播放了金牌工人的专题片，说明传统的一线操作人员在工业生产中的价值被重新发现了出来。包括旅游在内的其他各行各业也是这个道理，稀缺的才是最有价值的。科技也好，资本也罢，最终还是要走与传统生产要素相结合的路子，才能真正为旅游市场提供高品质的专业服务，从而保障自身的可持续发展。

对于拥有技术背景的创业者和专业团队，我想说的是，技术伦理高于商业模式。客观评价自身的技术价值，自觉认同并承担普世的商业责任。网络营销既不是传统业界眼中的泡沫，可能也不是我们自我感觉良好的现代旅游业的唯一缔造者。尤其重要的是，呈现给游客、商家和目的地管理机构一个真实可靠的网络世界，是我们的责任，也是互联网与旅游融合发展进一步深化的必然要求。

在技术和商业伦理达成共识的基础上，让我们共同努力，为旅游业寻回被遮蔽的世界，为其插上科技和资本腾飞的翅膀，为千千万万的游客提供触手可及的温暖，让今天的旅游目的地成为明日的经典。

时尚开始了

——在世界酒店联盟年会上的主题演讲

(2013－11－17,北京)

各位酒店业界同仁:

下午好!

我想先与大家分享一下自己近期与业界打交道的几个场景,以及这些场景带给自己的感受。

第一,关于酒店设计。清华大学工艺美术学院办了一个酒店设计的专题班,有网友把他们上课和研讨的信息在微博上“埃特”了我。点进去看了看,蛮有意思的:基本上都是搞美术的艺术家,与我们关注功能和细节的设计理念不同,他们把酒店当作一件商业艺术作品去设计了。类似的感觉还有7天酒店创始团队的酒店设计活动。他们成立了一个铂涛酒店集团,从无到有地创设和推广铂涛菲诺(Portofino Hotels)、丽枫(Lavande Hotels)、喆啡(JamesJoyce Coffeetel)三个全新的酒店品牌。在参加他们的研讨会时,我发现这个团队多数也不是传统酒店从业者,而是扎着小辫子的艺术家,还有心理学家、社会学家和统计学家,这些人在一起热烈地讨论目标客群需要什么样的酒店。这和我们日常想象中设计酒店重点思考有多少类型、多少间套的客房,以及餐厅、多功能厅和大堂朝哪个地方开的套路完全不一样,他们有自己的商业理念和设计风格。这种情况并非国内独有，阿玛尼（Armani）、古琦（Gucci）等奢侈品牌也正在用做时装的理念和模式战略性地介入到酒店产业。

第二，与酒店选址有关。刚才如家的孙总跟我说，他在北京的和颐酒店位于798艺术区。我问他市场表现如何，他说好啊，经常会“爆房”。我们知道798是北京非常时尚，甚至带有先锋意味的艺术区，那个地方经常会举办一些非常前卫的艺术展。还有些新的酒店建在环境优美的风景区或者历史文化遗址附近，还有目标小众高端一些的酒店则直接建在著名寺庙的边上。这样的选址应该说颠覆了我们常见的，比如万达这样建立在商务区、机场、交通主干道附近的酒店的印象。

第三，与产品和服务有关。过去谈到酒店，就是客房、大堂、餐厅、咖啡厅这些要素。现在的酒店，比如今天开会的万达，它还有商业街、大型超市、影院、写字楼、公寓等，整个就是旅游综合体。那么你会感觉这是个酒店呢，还是个城市空间呢？我感觉都是。在酒店服务方面，过去给我们的感觉就是很多穿着制服的人走过来，向你鞠躬，向你微笑，为你服务。当然也会想到酒店的迎宾小姐，还有PA，客房服务员等典型工种。前不久去杭州专门调研了布丁连锁酒店，前台的所有员工都很年轻，有的90后就做管理十几个人的主管了，他们穿的不是西装，而是日常的生活便装。他们还有一个新开的智尚酒店品牌，叫作“Z酒店”。客人进入房间之后第一个动作就是拿手机去扫描电视上的二维码，然后客房内所有的电子设备，包括电视、音响、房门、窗帘都可以由手机进行控制了，就连客房服务和结账离店都可以通过微信完成。按照传统的酒店观念来看，这些场景都是不可思议的，可是年轻人喜欢啊！

还有市场推广和销售渠道，网络和移动通讯的普及也彻底改变了酒店的商业模式。前段时间也是在798艺术园区，我参加了两家线上旅行服务商的活动，一家叫蚂蜂窝，另一家叫世界邦。两家都是做旅行攻略发展起来的。一群30岁左右的年轻人在办公室敲打着电脑，建立若干社交平台，把千千万万的年轻人分享的游记和感想汇集起来,通过UGC,也就是用户生成内容,把目的地和旅行服务的有关信息告诉你,然后再帮你预订酒店、机票、车辆租赁、餐饮,甚至戏票和鲜花什么的,玩儿似的就把酒店销售出去了。

现在经常出入酒店的客人和员工也与过去不一样了。他们是听《快乐女声》、看《非诚勿扰》和《小时代》长大的,他们可能不会知道我们旅游局长是谁,不知道一些业界大佬的名字,可是他们知道李宇春、韩寒、郭敬明;他们不关心新闻联播,可是他们关心李亚鹏和王菲离婚后在微博上说了些啥。一次我问刚入职的一个酒店员工在听什么歌,她说《时间煮雨》,时间怎么能煮天上下的雨呢?真是个怪怪的名字,其实是郭敬明导演的《小时代》的主题曲,是郁可唯演唱的。我不知道在场的各位同仁有多少人知道,反正我是刚刚被普及的,可是我知道很多年轻人都知道,也很喜欢。不管《人民日报》怎么批《小时代》"毁了三观",可是你挡不住年轻人,特别是初中生、高中生、大学生一二年级的群体都在追捧啊!50年代的人,能给他一些理想和基本待遇就可以了,60和70年代的员工给他一个体面的工作和发展的空间就行了。现在的年轻人呢?总感觉"悲伤逆流成河"。我们老觉得有吃、有喝、有工作、待遇也不错,还悲伤个啥呢?瞎矫情吧。其实是因为他们精神层面的要求提高了,想过与我们这一代人不一样的人生。

这些场景和年轻的人们告诉我,时尚开始了!酒店业正在不可逆转地向着时尚的方向演化,特别是近期自主创设的品牌正在从商务旅行导向的住宿功能,走向日常生活导向的时尚时代。

各位业界同仁:

之所以说酒店的时尚开始了,是因为我们的父老兄弟对美好生活的向往,特别是小康社会的旅游梦想,是酒店产业演化最基础的市场推动力量。让我们简单地回顾一下历史。改革开放以前,人们觉得住一般的旅店都蛮贵的,更谈不上对现代酒店的感性认知。随着入境旅游的发展和国际品牌酒店的引进,我们知道了现代是怎么回事儿。但是对于大多数的旅行者而言，这样的酒店是可望而不可即的。直到如家、7天、汉庭、锦江之星这些经济型酒店发展起来之后，普通消费者才从干净舒适的床上用品、便捷的互联网络、带热水的淋浴室等核心需求的满足上补了现代酒店这一课。等到触手可及的核心诉求得到满足以后，有了更高支付能力的旅行者就开始想，能不能把酒店弄得更有品位一些？或者说我们劳累一天之后能不能过得更舒服一些呢？党的十八大提出，人民群众对美好生活的向往就是我们的奋斗目标。酒店和旅游领域又何尝不是呢？广大游客对旅行生活的美好向往也正是酒店产业创新发展最现实的市场基础。2012年，我们国内旅游的市场规模高达29.6亿人次，今年可能会达到32.5亿人次，这是多么巨大的市场空间啊！

其次，新材料、新工艺，特别是互联网和移动通讯的进步为步入时尚生活的酒店提供了有力的科技支撑。过去，酒店的房门是物理性的钥匙开启和关闭的，后来则是电子门禁系统。上个月底，我们在昆明的一家叫作“海丽宾雅”（泰语“美丽传说”的意思）的酒店开中欧可持续发展论坛。在商务、餐饮和休闲区有很多门，看不到服务员，可是接近门口的时候，每个门都会自动打开。我不是工程技术方面的专家，但是我知道肯定是有电子感应系统在起作用。这家酒店的灯光也是受客人感觉控制的，走廊里的灯光，只要有人走过就会有相应的灯光亮起，而且灯光还会在地毯上打出客房号码，客人可以轻松地找到自己的房间。我还听说从技术上讲，酒店客房的门禁卡是能够与客人的信用卡相互关联的。总之，材料和工程技术的发展可以让我们的艺术家、酒店的设计者随心所欲地创设酒店。时尚而优雅的生活空间背后，一定有先进的技术模式和商业理性在支撑。

说到商业理性，就得说企业家的创新能力和职业经理的日常管理能力，这是酒店时尚演化的商业基础。不论多么先进的科技，都是为人服务的。不管什么样的科技进步，没有通过商业化真正走向市场的话，都不可能为千千万万的游客所共享。我们很欣慰地看到,这些年来,无论是像何伯权、沈南鹏这样的创业者,还是像孙坚这样的职业经理人,都一直行走在酒店创业、创新和品质保障的道路上。私下跟几个朋友聊天,他们说孙坚孙总就像个老大哥一样。这是个很朴实的词,用在他身上,却有一种商业炉火纯青的感觉。他的"微笑力"理论和他本人标志性的微笑都在告诉我,科技也好,时尚也罢,最终都应转换成顾客触手可及的日常温暖。有了这样一批卓越的企业家和优秀的职业经理人,有了他们的商业理性,有了他们对文化、艺术的敏感,有了他们的环保意识和企业社会责任,无论什么样的商业创新都会为酒店业的市场化创新打下坚实的商业基础。

各位同仁:

在中国正在进入世界酒店业的主流体系,在酒店业正在进入中国经济社会发展的主流体系的今天,我有几点想法、愿望与大家分享。

我希望酒店创新始终建立在最为广大的人民群众的现实需求基础之上,做老百姓享受得起的品质,或者说可以让更多的游客分享酒店的时尚。国民大众的旅行与旅游需求是酒店发展最为现实的市场基础,为了最大多数国民的旅游和旅行福祉,是酒店创新的无尽动力。也许再经过一段时间的努力,酒店就可以做到不再因为客人的权贵身份而谦卑,也不再会因为客人的普通身份而不屑。到那个时候,中国的酒店才可以真正地与世界对话。我始终认为一个人的高贵与否,不是看他穿着多么大牌,也不是看他身份多么显赫,而是看他的内心深处是不是能够为自己的父老乡亲而尽心、尽力。

我希望酒店的时尚能够始终关注行者的日常生活。旅游是人类长存的生活方式,在大众化旅游发展阶段,它也是老百姓的日常生活。在会前交换意见的时候,我非常高兴地听到如家的定位是旅行住宿供应商。实际上,所有的酒店市场如果离开了老百姓的常态化生活,那么它一定是无法可持续发展下去的。我们在博物馆看很多展品,为什么很多优秀的工艺失传了?为什么许多非物质文化遗产需要保护？很大程度上，不是艺术家和艺人不努力，而是那些今天看来成了艺术品的工艺失去了现实生活的需求。酒瓶子是用来盛酒的，酒盅是用来喝酒的，盘子是用来装菜的，这些功能都没有了，只是一味地强调它的艺术价值，只能是大家藏之深山，流传后世的小众群体把玩了。所有的艺术都是有其生活背景的，工艺美术更是如此。我曾经看过一些所谓的精品酒店，或者说时尚酒店，浴缸变型成弯曲的样子，灯光色彩很昏暗，布草做成彩色的，让人搞不清楚自己是进到酒店了呢，还是进到其他什么类型的场所。设计也好，时尚也好，都应该是基于日常生活特别是旅行住宿核心诉求的创造和创新，而不能走 T 台秀的小众模式，也不能走“怪、力、乱、神”的技巧创新。除非你想自己玩，自己弄个会所，那就是另外一回事了。

我希望让酒店的生活空间能够紧紧跟上，甚至引领科技创新的步伐。我昨天看到一个消息非常有意思。这个消息说的是美国发明了两个机器人，一个是鼓手，一个是吉他手，它俩在日本的音乐节上进行演唱。我觉得这俩机器人做得还蛮有意思的，头发是用电线做的，利用电磁，手在那里弹吉他。哇！总有一天这些东西大规模商业应用的话，可能很多服务都会被替代了。可能王菲和李亚鹏离婚从新疆回来，就不这么受关注了，制造机器人的工程师什么的，他们离婚了可能会产生更大的社会效应。我举这个例子是说，不管我们愿意不愿意，大数据、信息技术、移动通讯、3D 打印都放在那里，融入到我们的日常生活、融入到我们的商业模式的进化中。事实上，科技不仅仅是信息技术，很多日常科技都能够得到很好的应用。刚才我去看品牌叫“潜水艇”的下水道地漏产品的纪录片，这个“潜水艇”它再怎么好，科技再怎么先进，如果不能解决酒店所遇到的实际问题，它就没有实际的商业价值。大量的工程技术支撑起酒店商业创新的科技基础。就像我们开一场明星演唱会，在台前你去看，一个艺术家可以尽情地表演，非常有艺术范儿。你看李宇春的演唱会，随意晃一下话筒，下面的“玉米”就开始尖叫。其实，你到后台去看，整个是科技支撑加商业运作。我们今天的会场设计得很是高端大气上档次,我相信昨天晚上会务组和酒店员工一定花了大量的时间做了理性的设计、设施装配、灯光、音响、多媒体匹配等艰苦细致的工作。我想如果那个时候我们在现场拍一些照片的话,仅凭这些是无法分辨它们是哪里的场景的。这些东西就是个平台,演出要用,工厂要用,酒店也要用,其实看起来都差不多,背后的东西都是非常理性的科技平台和管理设计。比如酒店的能源消耗就是个大问题,包括灯光、空调、客房、公共区域、地下车库,只要有客人,就得一天二十四小时地开着,用电量是非常非常大的,怎么解决这种问题,可能还得依靠科学技术的进步,以及我们的主动应用。当然,科技发展到一定程度,会面临科技伦理的拷问;商业发展到一定程度,也会面临商业伦理的建设问题。我希望中国酒店业的科技进步和时尚创新有更多的人文基因,特别是平等、真诚、宽容等核心要素。绝大多数的时候,客人宁愿要有瑕疵的真诚,也不要完美的表演。

最后,我希望旅游产业和社会各界能够像关爱自己的眼珠子那样来关爱酒店领域的企业家和职业经理人群体。我始终坚信,在市场经济条件下,企业家们是酒店创新最为有力的现实推动者,也是社会财富创造最为稀缺的资源,我们不能让他们生活在委屈中,而要为他们的创新做助威者,要为他们的成功而鼓掌。很多人宁愿为过程的失败者而流泪,也不愿为最终的成功者而鼓掌。这种心态是到了改变的时候了,企业家和经理人员创造了财富,为社会做了贡献,我们就应该为他们鼓掌。心态的平和、交往的平等、从容的步伐,还有同一层面的对话与交流,可能是时尚的更高境界。这一天已经不远了。

大众旅游休闲引导科技应用与商业研发

——在中国旅游发展论坛上的主题演讲

(2013－12－12,海口)

尊敬的国家旅游局杜江副局长,

同志们,朋友们:

上午好!

整个上午的发言都出自科技和商业领域的专业人士,对我这个文科生来说确是一个难得的机会。求学时代有"穷文富理"之说,意思是家里面不富裕,就选学文科,因为不用花钱做实验、见世面什么的,只要会听、会读、会写、会讲,加上一些先天的悟性大体上就成了。从一己经历来看,应该说有一定的道理。小时在皖北的乡下,最喜欢干的一件事情是掰玉米粒子。小孩子都是贪玩的,没有几个喜欢一做半天的重复劳动,能够吸引我和小伙伴的是邻家大婶特别会讲故事,她每次把小孩子聚在一起,一边掰玉米,一边讲民间故事:白骨精再怎么变,也逃不过孙悟空的火眼金睛啦;岳家军大败金兀术啦;还有那个笨笨的梁山伯,人家祝英台怎么启发都觉不出她是女的,真是把听的人都急死了。现在想来,正是大婶一个又一个夏日夜晚讲述的传说与故事,为我做了文学和历史的启蒙。

故事听多了,就会想象那些故事发生的场景、人物和空间,就想要是能够亲眼看一看该多好啊！今年九月份我和上海迪士尼总裁马克先生有个专门的会谈，他问我对迪士尼和中国市场的看法，我就跟他说了这个听故事、学中文的记忆。有了迪斯尼，现在的孩子们就不仅可以听故事，还有机会看到真实的场景和人物，能不开心吗？再说，那些卡通动物多可爱啊，你看迪士尼影片中的汤姆猫总是笨笨的，总被老鼠杰瑞调侃来调侃去，捉弄个不停，最终还是好朋友。我带女儿去香港迪士尼，她围绕各种各样的动物拍照，大半天都不肯走开。刚才迪斯尼的副总裁在演讲中向我们展示了他们强大的科技和创意能力，相信明天一定可以吸引大量游客的。可是我知道那些和我一起长大的玩伴和同学，又有多少人有机会去看看外面的真实世界呢？又有多少人能够带孩子去香港看迪斯尼呢？他们中的大多数还不是如萧红女士的《呼兰河传》所描写的那样，在有限的空间出生、长大、变老，无声无息地活了一生。现在我们回忆那些儿时的游戏，推铁环、拍泥饼子，还有弹玻璃球，都是非常美好、也很温馨的记忆。其实，美好的不是那些因陋就简的游戏，而是自己一去不复返的童年罢了。

童年很快就会过去，小孩子就会背起书包上学去。那个时候没有什么有声读物，除了偶尔看个《葫芦娃》《渔盆》之类的露天电影，也没有什么值得记忆的开心事，大部分时间都是用来学习，背唐诗、宋词，读百家姓和《论语》中的子曰诗云什么的。现在想来，并不是乡下的孩子爱学习，而是没有迪斯尼、水世界、野生动物园和海洋世界可供选择，城里后来开了公园，有了旋转木马什么的，也没有钱进去。现在条件好了，对女儿最大的心愿就是带她去全世界好玩的乐园，而不是希望她哪怕在节假日也要关在家里读书学习。马克总裁在上海与我拍了张合影，说以后可以凭着照片去世界上任何一个地方的迪士尼乐园。回家跟女儿一说，她高兴得要命，今天公司的高管在这里，请回去跟总裁先生说，我还记着这个账的哦。

读书、求学、工作，一步步走过来，总觉得自己很是幸运。很多过去的小伙伴别说在今天这样的舞台上跟大家对话，可能连中学都没有毕业就回乡下去了，读大学的就更少，很多过去的小伙伴没有机会看到迪士尼，看到欢乐谷。但是他们同样拥有这样美好的愿望，也有让自己孩子追求快乐童年的权利。经过改革开放以来三十多年的奋斗，老百姓现在多少有一点闲钱和时间，愿意，也有能力出去玩玩了。14 亿人口的休闲与观光需求，一旦释放出来，这个量不得了啊！这就是我们旅游和休闲企业最大的市场基础，也是科技研发和商业创新最大的现实支撑。或者说，支撑旅游产业科技进步的根本动力，不是产业政策，也不是科技本身，而是千千万万中国老百姓的日常生活所需。我们的科技进步应当，也必须始终关注老百姓的日常需要，只有把科技进步牢牢基于我们父老兄弟日常生活中的休闲和旅游权利的实现，我们的旅游企业，我们的科技政策才会有真正的市场基础。否则你可以把卫星发射上天，可以把人送到月球上，却不能给老百姓带来触手可及的幸福与温暖。中国是一个勤劳的民族，可是我们也有休息和娱乐的权利。旅游和休闲固然有教育的功能，可是普通大众最需要的是触手可及的日常快乐，不可能爬个山还要背诵孔子怎么说的，登个楼还要朗诵某个大诗人的经典作品，那样的话就太累了。“人民群众对美好生活的向往，就是我们的奋斗目标”，让老百姓闲暇时有个乐子，让青少年有个轻松的假期，老了有美好的回忆，应该是我们努力的方向。

同志们，朋友们：

明确了国民大众旅游休闲的现实需要，也就明确了商业研发和自主创新的方向，接下来让我们一起思考旅游休闲产业演化的路径吧。

由于大学读企业管理专业的缘故，那个时候最喜欢读的书是商业领袖传记，其中印象特别深刻的有被称为日本“经营之神”的松下幸之助的《生活·工作·梦》。他创办松下企业的最终目标是“让国民财富能够像自来水那样取之不竭，用之不尽”，并为此付出毕生的努力。在自己的职业生涯转换过程中，总是希望找到一个标杆人物、标杆组织作为前行的目标，希望有一天可以超越他们。当然，后人也会不断地超越我们。除了国际企业家传记以外，有一个人的传记给我留下特别深刻的印象。这个人叫作盛宣怀,是晚清的实业家,中国的第一个电报、电话局,还有大规模修建的铁路都与他有关。他的传记中有一段话给人留下深刻的印象:“不管坐火车抓革命党,还是使用电话、电报通电起义,我只管把这个基础设施修起来”。这体现了在追求国富民强的现代化进程中,有担当意识的实业家自觉利用现代科学技术将传统的人力、土地和资本要素转换成现实生产力,而不仅仅只是停留在实验室里面。也就是说,只有当科技与现实的商业实践相结合,才能够实现经济的发展和人民生活水平的提高。

当企业家敏感地意识到时局的变化和前进的方向时,他就会强烈地关注科学技术的进步如何才能够与最大多数老百姓的现实需求相结合,然后运用自己的商业能力将之转化成可以消费的产品,转化为可以复制、扩展的商业模式。现在香港最大的出租车公司是由旧时经营马车的一家公司转型而来的,在马车主导公共交通的时代,它是行业的标杆,也是马车协会的主要领导者。有一天,出租汽车出现了。当时感觉到威胁的马车协会组织起来,禁止出租车进入公共交通市场。当这家企业意识到出租汽车替代马车是不可避免的趋势时,很快把马车全部卖掉,买了大量的出租车,成功实现了大变动时代的商业转型。

改革开放后的第一代中国商人和企业家是靠政策套利吃饭的,也可以说是靠着自己的原始感觉成长起来的。慢慢地,这些企业家完成了原始积累,资本可以雇佣劳动了,于是资本成了第二代企业家的重要标志。今天的商界,驱动企业成长的要素更加多元化,资本、技术、劳动、人才共同推动了经济的发展和财富的创造,这就是大势,也是所谓的时局吧。

具体到旅游业,20 世纪 70 年代末到 90 年代末的二十年时间,是入境旅游高速增长的时代,国民旅游需求对市场创新的支撑作用几乎可以忽略不计。1999 年国庆节第一个旅游黄金周之后,国民大众主导的旅游市场进入了高速成长期。第一代旅游企业家敏锐地把握了市场需求和消费模式的变化,很快获得了市场成长的红利,赢得了社会的尊重。现在想起来,并不是我们的创业团队很卓越，甚至也不能说我们的商业能力多么强大，而是当很多人仍然在体制内躺着很舒服的时候，在绝大多数旅游从业人员还认为入境、观光、团队是市场常态而不愿意做出改变的时候，第一代企业家率先意识到了国民旅游市场的重要性，率先运用现代商业手段改造了传统的服务业，在传统和体制之外的增量市场上获得了财富。旅游产业的第二个阶段则是靠资本驱动的，或者说谁拥有资本运作的能力，谁就把握了市场的主动权。在世纪之交的时候，经济型酒店、基于互联网的旅游代理商已经开始萌芽，很快以如家、7 天和携程为代表的新业态就获得了商业上的巨大成功。回过头想一想，正是由于在这些企业的背后有了风险投资，有了对国际上成功的现代商业模式的移植与创新。

如今，更新的业态如去哪儿网都已经在美国纳斯达克成功上市了，后面还有蚂蜂窝、世界邦、亚朵等更加新锐而时尚的商业创新，都让我们感觉到商业模式和技术模式融合的力量——非资本要素已经开始成为推动产业变革与商业创新的全新动力。铂涛、华住、布丁、亚朵等已经注入了科技和时尚元素的新型市场主体，除了对旅游市场走势和资本市场的把握，越来越注重技术的变革和人文价值观的变迁。我看过布丁酒店在杭州最新开张的店——Z 酒店，也称“智尚酒店”，肯定会对现有的中端酒店市场形成新的冲击。还有铂涛酒店集团的品牌战略，也可能对中高端酒店的产业存量造成革命性的冲击，就像我们当初没有意识到携程也可以成为旅行社的替代品一样，也许有一天我们睁开眼睛，世界就已经大不一样了。

同志们，朋友们：

科学技术正在日益成为与资本同等重要的生产要素，当充满激情的年轻创业者进来之后，当像迪斯尼这样具备国际视野的企业以及拥有技术和文化双重创新能力的企业进来之后，我们的旅游企业和商业领袖又该如何应对呢？

我希望旅游产业的发展和科学技术的应用能够有正确的商业思想加以引领。从商业思想和市场导向上看，必须始终把包括商业研发和自主创新在内的市场行为深深根植于国民大众的旅游需求。如果说中国的旅游企业、我们的企业家可以在世界范围内发挥更大的作用,我相信背后一定是中国广阔的市场和老百姓日常的旅游休闲需求在作为支撑的基础。2013 年,中国的国内旅游市场是 33 亿人次,2014 年这一数字可能会超过 36 亿,如此巨大的市场规模足以让我们的产业进步变得更有底气。

我希望我们的企业家能够真正从老百姓旅游休闲生活的核心诉求出发,把那些可以利用的科技快速商品化,而不一定追求科技本身有多么先进。对于旅游企业来说,更多的工作就是技术应用,少量的企业甚至可以利用技术形成市场壁垒。今天在座的海昌旅游集团,他们培育帝企鹅是全世界最厉害的,我听说一个企鹅蛋的价值就差不多可以买好几辆车。将来领先的旅游企业要么拥有文化创意,要么拥有技术,而且这个技术和文化还必须是能够让老百姓感受得到的。

我希望我们的企业家可以发自内心地尊重科技,尊重知识,尊重人才。知识是驱动技术进步的原动力,人才是科学技术的载体,我们不能再使用传统的劳资关系——“我是老板,你是我的打工者”看待新型的生产要素,而应当是彼此尊重,共同分享。虽然目前中国还不完全是一种网络状的商业结构,但大家可以感觉到多权力中心博弈正在慢慢形成一个相对均衡的市场体系。在这个逐步走向新的均衡的过程中,企业家要客观认识自身的价值和作用,不能觉得自己过去成功,将来按既有的路径也一定可以成功,尤其不能觉得有钱就可以雇佣一切。事实上,今天的社会已经是一个资本、技术、人才诸要素共同为社会创造财富,也共同分享财富的新时代了。当前只有牢牢把握大众旅游休闲需求的变迁,主动应用当代科技,充分尊重知识,发自内心地尊重人才,我们的企业才可以导向可持续发展的未来。

我希望国家创新的战略不仅符合国家发展的需要,也要符合国民大众旅游休闲生活的需要。我中学的时候看过一个电影叫作《火烧圆明园》,印象特别深刻的镜头就是八里桥之战，无惧牺牲的大清勇士骑着马，拿着长矛往前冲，侵略者列队举着火枪瞄准射击，看着士兵一个接一个倒下去，后面的士兵又一个接一个地冲上来，不解地摇着头。观影的青年学子无不泪如雨下，国家的强盛需要勇于牺牲的精神，但是更需要真正的实力，我们不能让历史悲剧重演。悲剧一方面很悲壮，另一个方面也是由于没有自信，实力不如人啊！到了今天，我们终于可以感觉到国家层面上对于科技和技术、对于人才的尊重。政府可以国家之力搞基础研发，搞大项目，但是要通过市场化让大多数国民分享科技进步的成果，完全靠政府的力量是不够的。党的十八大提出：人民群众对于美好生活的向往，就是我们的奋斗目标。人民群众的满意，特别是广大游客的满意就是旅游发展的最高目标。让市场发挥决定性作用的同时，更好地发挥政府的作用，通过产业政策和示范行为来营造一个旅游与科技融合发展的良好外在环境。

最后，我还想给旅游市场主体和我们的企业家鼓鼓劲。旅游集团 20 强排序的作用，一个是鼓劲，一个是引领。杜江副局长在致辞中谈到科技要以人为本和服务支撑，事实上提出一个科技发展的伦理命题，即用什么样的价值观来引领科技发展的问题。当我们觉得科技无所不在的时候，另一个魔鬼可能也出现了，以为科技无所不能并可主导一切。这个时候就需要人文精神来引导科技应用和市场发展。通过科技政策的制订，通过标杆企业的示范，引领旅游与科技的融合发展始终沿着正确的轨道前行。只有这样，我们的国家才会变得更加强大，民族的复兴才有一个稳定的基础，才有一个可行的平台帮助老百姓实现美好生活的梦想。

科技，就在你我的身边，也在老百姓的日常生活里。科技，让生活更美好！

谢谢大家！

永远与创业者在一起

——在中国旅游创业发展高峰论坛上的致辞演讲

（2014－02－23，北京第二外国语学院）

同学们、同志们：

刚刚过去的马年春节有个网络热词“恐聚族”，也称“恐回族”，背景是纯粹的同学聚会已经沦为比阔较劲、攀权附贵的秀场，单身者往往被亲情友情的好心逼得有家不敢回。我也是越来越想回老家而不愿回了，倒不是担心逼婚——早已经是为人夫、为人父的年纪了，只是不愿意看到旧时的同学、朋友依然还在那块土地上唱着旧时的歌谣，从他们的身上我仿佛看到如果自己没有走出来的生活轨迹。传统的乡土社会是以血缘和地缘联结起来的蜘蛛网，遇到挫折时会有太多的温情相助，让你跌不下去；可是当你仰望星空的时候，又会有太多的牵扯阻碍，让你想飞也飞不起来。读萧红的《呼兰河传》，每每读到小团圆媳妇本应花一样绽放的青春在婆婆和看客的好心摧残下，连个名字都没有留就被雨打风吹去了，都不禁泪下。现在的年轻人为什么漂也要漂在北上广？并不是他们的价值观扭曲，而是不愿意在家乡的蜘蛛网上过着安逸而平庸的生活，他们有青春、有才华、有理想，希望能够在大城市里不是靠父母的人脉，而是靠自己的知识、才情和努力去打拼一个属于自己的未来。年初在东北财经大学做过一次“看得见的未来”的学术演讲，总是固执地以为这些“不安分”的年轻人才是这个国家、这个社会、这个时代变革的希望，有了他们，我们才能够看得到未来。理论推演和生活阅历都告诉我，远距离的空间移动为社会学意义上的阶层流动提供了现实可能，所以每当与这些年轻的社会创业者在一起的时候，都会抑制不住地有致敬的冲动！

理想是创业的方向，可是仅有理想远远不够，我们需要以理性、责任和忍耐力向着理想一步步地靠近。年轻时和你们一样喜爱诗歌、摇滚、愤世嫉俗，直到有一天，“华灯初上的街道边/顾诚和北岛碎了一地/我偷偷地去问摊主/多少行诗可以换一把烤羊肉串/也好/换你瞬时的笑颜”，从那天起，我把诗歌封存了，努力读书、教书、写作、演讲，一步一步地改善自己，只为了让自己的家人和亲人可以过上更好的生活。这也是具体而微的“中国梦”吧，也正是如此众多的“小确幸”——小而确切的幸福，汇聚而成宏大的时代叙事。可是天下还有千千万万的父亲母亲和兄弟姐妹啊，他们同样需要过上富足而有尊严的生活。如何让国民财富像“经营之神”松下幸之助先生所说的那样“如自来水一样取之不竭、用之不尽”呢？我看最有效的路径无非两条：把社会上既存的土地、资本、技术和人力等资源中没有利用的运用商业的力量把它们利用起来，没有充分利用的把它更有效率地利用起来；没有资源呢，就去创造新的资源，就是市场也是可以重新发现的。我想也正是在这个意义上，经济学家熊彼特把创新界定为“创造性的破坏”，而创新则是创业的题中之义，或者说是核心内容。

创业是市场的产物，或者说是以市场机制为前提的。改革开放后的第一代创业者主要是通过政策套利和本能的商业潜力完成自己的原始资本积累的，代表人物包括海盐衬衫总厂的步鑫生、长虹的倪润峰等体制内的企业家，走在体制边缘的联想的柳传志，以及胡润排行榜上的那些民营企业家，开元旅业集团的陈妙林先生也是这个时期起步的。第二代创业者多有海外留学的背景，他们的成功更多得益于邓小平南行和中国加入世界贸易组织，以及国民经济高速增长所带来的市场机会，这个时期的创业者和企业家明显具备了自觉的商业能力,加上资本市场的推动,取得了远比第一代创业者更大的商业成功。万达的王健林、富力地产的张力、“携程系”的梁建章、季琦、郑南雁可以视为这一群体的代表。第三代创业者的典型代表是以精通互联网和移动通信技术,对市场和商业高度敏感,并善于与风险投资者打交道的年轻人,比如去哪儿网的庄辰超,他的团队号称 CFO 都是写代码出身的,还有我近期关注的蚂蜂窝的陈罡先生、中信产业基金的胡腾鹤先生。当然也包括在座各位,特别是温婧同学,噢,还有“海阔天空客栈”的雍祥同学。需要说明的是,以上的划分只是概略性的,并不意味着第一代、第二代就退出历史舞台,已经被你们拍在沙滩上了。同学们,千万别轻易地就说“某某已是大叔”,“某某已经 OUT 了”,像我所熟悉的开元的陈妙林先生、铂涛酒店集团的郑南雁先生等,他们创业的激情一点儿也不比年轻人少啊!

同学们,同志们:

我希望创业者始终与国民大众的旅游休闲需求在一起。对于当前的旅游形势有两种看法,一是以高端酒店和传统旅行社为代表的悲观预期,认为中央的禁奢新政和旅游法让旅游业进入了“冰河期”,二是以作为互联网原住民的旅游创业者和商业创新者为代表的乐观预期,认为“创业的春天来到了”。2013 年底接受中国网专访的时候,我坚持了“相对乐观”的预期。这一预期有政策、经济、社会、技术等方方面面的原因,而国民大众持续增长的旅游需求则是最为根本的信心支撑。去年国内旅游市场的规模达到空前的 33.5 亿人次、2.6 万亿人民币,还有 9819 万的出境旅游人次和 1200 亿美元的境外消费,同时我们还要看到 600 亿人次的旅行市场。小康社会的旅游梦想,国民大众对旅行过程中安全、效率和品质等消费权利的追求,让年轻的创业者拥有足以傲视全球的市场空间。与所谓的高端市场相比,为大众旅游服务可能需要我们付出更多的耐心与坚守,但是请相信,市场是诚实的,付出总会有回报。

我希望创业者始终与国际通行的商业规则和技术进步在一起。凭着一股热情跑到 VC 那里去说一个故事,就获得了大笔的投资,我看只有两种可能:要么是青春励志剧的幻想，要么那个 VC 是自己的爹。事实上，创业是理想驱动的，更是商业理性支撑的。百度负责投资的高级副总裁告诉我，他每天都会接待数十位投资申请人。如果没有清晰的技术模式、完善的商业计划和可以依赖的创新团队，怎么可能获得风险投资和后继的 A、B、C 轮融资呢？IPO 以后，公司进入常态化的商业运营以后，自主研发与商业创新更是极其理性和充满风险的事情。上个周末，温婧她们在大书屋咖啡馆组织了第一次“袋鼠读书会”，讨论大数据在旅游领域中的商业应用主题，这就很好，谋定而后动嘛！除了大数据，还有 3D 打印、北斗导航、材料科学、生命科学等，都需要我们时刻以专业和商业的视角加以关注。请记住：技术决定商业策略，而重大技术决定战略或者创业的方向。

我希望创业者始终与人文历史传统和现代化进程中的“中国梦”在一起。创业是激情与理想，是商业理性，更是一种生活方式。是生活，就会有起起伏伏，没有人可以保证创业一定会成功。经济学家奈特说商业活动具有“不可保险之风险”，其实也正是包括创业在内的商业活动的魅力之所在吧。问题是我们如何不因阶段性的成功而骄满，又如何不因暂时的失利而沮丧呢？五千年的人文历史是身心修养取之不竭的精神源泉，国家现代化的进程则给了我们一根现实的纽带，让创业与更大的群体，更伟大的事业联系在一起。没有这样的视野与情怀，像创业这样劳心费神的事情是无论如何也坚持不下去的。

最后，我希望自己能够永远与创业者在一起。现代社会是以分工和合作为基础的社会，尽管我心未老，也愿意与大家去商业实践中打拼，可还是觉得在学术研究和理论创新的道路上前行可能会更好地发挥作用。在过去的日子里，一直是业界给了我教书和创新的学术营养和现实支撑，让我能够有幸代言一个领域和国家。在今后的日子里，我更加希望能够与创业和创新者永远在一起，为你们鼓与呼，为你们守护精神的家园，也温暖彼此的一生。

谢谢！

旅行服务的市场空间与旅行社创新的未来

——在旅行社发展高峰论坛上的主旨演讲

(2014－02－28,桂林)

各位业界同仁、媒体朋友们:

上午好!

子婧同志去年底跟我说,开春后在桂林开一个旅行社高峰论坛,研究院能否做一些学术指导工作,并邀请我到场做一个主题演讲。其实她的团队这些年做过不少很成功的专业活动,事实上也比我有票房号召力,在位的很多老总如果是我邀请的话很可能会让助理回个电话"节后工作实在太忙",然后把我给"拉黑"了吧。在国家旅游局讨论行业协会改革,以及在研究院内讨论学术推广工作时,我都会拿《旅行社》杂志和子婧她们团队做案例分析:为什么一个没有任何政府背景,也没有官方给予的行政认可,甚至是连个正式的 CN 刊号都没有的媒体可以每年做这么多的事情,而且传统的旅行社、OTA(线上旅行代理商)、风险投资者和旅游供应商都愿意给她们捧场呢?最根本的原因应该是她们给了业界所需要的信息、人脉、平台和专业的服务,如果给不了这些,大家就不会订杂志、登广告和参加活动,子婧可能吃了上顿没有下顿,就可能夜里睡不着觉了。如果在体制内或者说有一个"钦定"的帽子呢?她们还会有这样的成长动力吗？我看就不一定喽！

说到底，还是市场机制在起作用。事实上，无论是消费需求，还是资源开发和服务供给，中国旅游经济运行都已经进入了市场在资源配置中起决定性作用的新阶段。

先来看作为需求的市场。2008 年以后，我们基于两个“常态化”——旅游已经成为老百姓常态化的生活方式，以及游客广泛介入了目的地居民常态化的生活空间，做出了一个对法律政策和商业战略有广泛影响的研判：中国旅游进入了以国民消费为主体的大众化发展的初级阶段。同时指出，观光旅游在相当长的历史时期内仍然是最基本的旅游需求，而休闲、度假、会奖、探险等新型的需求开始兴起，尤其值得关注的是，旅游和旅行的方式发生了重大变化。1980 年以后出生的年轻人正在成为旅游消费的主力人群，他们是第一批在互联网环境中长大的一代，自主、自助、自由的消费模式进一步扩大了散客化趋势。13 亿多人口的发展中大国，旅游进入了国民大众的日常生活选项，这是一个对国家经济社会发展和世界旅游经济格局都有重大影响的事件，也是包括旅行社在内的旅游产业发展和业态创新最为坚实的市场基础。有的同志担心国家新一届领导集体的新政可能会影响旅游市场，肯定会有的嘛，不过是结构性、暂时性的，国民旅游休闲的基本面没有改变。而且，“人民群众对美好生活的向往就是我们的奋斗目标”，“旅游是人民生活水平提高的重要指标”，国家现在没有，将来也不可能限制老百姓对生活品质的追求。正是基于旅游经济运行的宏观基本面，我对于 2014 年的旅游经济运行持相对乐观的预期，并坚持认为今后十年依然是包括旅行社在内的旅游业发展的黄金机遇期。

再从供给角度看市场。无论在入境旅游时期，还是国内旅游发展的早期阶段，以山岳湖泊、环境气象为代表的自然资源，以古建筑、文物为代表的历史文化资源——我称之为“二老”，老天爷和老祖宗，各级政府、旅游部门和国有企事业单位是其实际控制人，“二老”是核心的旅游要素。在特定的历史时期，谁掌握了“二老”,谁自然就是市场的主导者。现在则是资本、技术和商业创新主导的时代,谁能够把握现实的旅游与旅行需求,并且能够发现满足这些需求的技术模式和商业模式,谁就是今天旅游市场的领导者。很多资深的业界同仁跟我说,一家有半个世纪历史、数千名员工的旅行社怎么竞争不过进入市场只有几年时间的电子商务和文化创意的企业呢?它们的核心团队除了会写写代码,甚至连旅行社的基本业务是什么都不清楚,真是看不懂啊!我说,它们虽然不清楚旅行社业务,但是清楚旅行服务业务;虽然年轻,但是它们拥有数量庞大的消费群体的认同。至于服务操作和职能管理的专业人员,都是可以在生产要素市场上以合理的或者更有竞争力的价格购买来的。事实上,“年轻人正在改变旅游的世界”,不仅仅是从需求的角度,也是从创业和创新的角度去说的。《旅游法》出台以后,我注意到携程、去哪儿、同程,还有蚂蜂窝、世界邦等基于互联网的旅行服务商基本上没受什么影响,更没有盯着第 35 条去研究什么应对之策,而是继续埋头做自己的生意。从年报数据看,应当说是交出了一份满意的答卷。

正是出于对国民大众的旅游休闲市场的系统把握,出于对资本、技术,特别是创业与创新者的驱动要素——市场的科学研判,我们注意到国家的宏观调控和产业政策的着力点越来越强调发挥市场在资源配置中的决定性作用。以放松管制(deregulation)为导向的改革正在把更多的权力放给协会,还给市场。在此进程中,国家也在寻找和培育新型的市场主体和创业群体。不久前与领导同志对当前形势务虚,形成了一些共识:什么是嫡系部队?能打仗的部队才是嫡系部队。新型市场主体的形成与发展是国家旅游业的未来希望之所在;面向老百姓的日常旅游需求,用互联网思维武装起来的创新企业是旅游领域先进生产力的代表。随着理念的创新,更加符合市场需求的调控政策和行政监管政策措施将会出台。当然,我们也注意到国家同时也强调更好地发挥政府的作用。现在出境旅游发展得这么快,2013 年的贸易逆差高达 700 亿美元,要不要由政府出面，实施出境税、配额管制、技术壁垒等保护措施，对此不是没有争论的。我看大的方向是营造有利于旅游消费和产业发展的良好环境，包括国内环境和国际环境，以及维护游客和经营者的合法权益，旅游形象推广和市场组织等。

各位同仁，朋友们：

在看到旅行社产业战略机遇期的同时，我们也要关注旅游市场的结构性变化，及其潜在的商业风险。

超额利润的时代已经过去。在入境旅游时期，旅行社曾经居于旅游经济运行的中心位置，无论是社会声誉还是商业利益都达到了顶峰。进入国民消费为主的大众旅游时代以后，市场环境和商业都发生了根本性的变化。就如同大海捞鱼，过去一网下去，总会打上来几条大鱼的。现在呢？还是会打上来不少的鱼，可是每条鱼的重量变轻了。这就要求我们在旅游与旅行服务的创新上，在游客感知的品质上，适应散客、个性化需求的变迁，加倍地付出大家的商业智慧，在发展战略和经营策略上还要耐心地坚守。

法治的时代正在到来。游客成熟了，在消费更加理性的同时，也在强调维护自己的合法权益。如果说以前的博弈主要是业界与政府监管部门之间的事情，今后则会更多在业界与消费者之间展开。这里所说的业界既包括旅行社，也包括众多的旅游供应商。《旅游法》固然是当前最值得关注的法律，但是我们更加需要关注宏观的法制环境，包括环境保护、价格听证、消费者保护、反垄断等方面的法律进展。不久前最高法关于餐馆“禁止自带酒水”、“包间设最低消费”为“霸王条款”的司法解释告诉我们，国家正在将更多的生活服务类的商业活动纳入法治的轨道。旅行服务业的运作理念、组织模式和商业成本也将因此而产生可能的变化。

资本、技术和人力资源的快速发展给旅行服务业也带来了新的挑战。马年新春后的证券市场开局不错，旅游类上市公司更是领跑 A 股大盘。“民营旅行社第一股”的众信旅游自首次 IPO 以来，已经连续多次涨停板，中青旅、中国国旅也受资本市场的热捧。在为旅行社资产广义旅游业务的证券化而欣慰的同时,也要看到资本市场的复杂多变性,以及资本增值对旅行社日常经营的压力和挑战,弄不好也可能会扰乱自己的战略部署和运营的节奏。以互联网和移动通讯为代表的科技进步呢?带给我们的已经不仅仅是工具层面的革新了,而是思维方式和商业模式的革命,传统旅行社有应对的问题,新兴业态也有一个持续创新的压力。一不留神,昨天的新业态明天就可能会为名不见经传的小伙伴给"OUT"了。

如何抓住旅行服务市场空间拓展的历史机遇,如何迎接旅游消费模式的变化带给旅行社业界的挑战,大家都在商业实践第一线工作,应该早就在思考、部署和实施了。

我希望各位同仁继续保持对国家旅游经济运行,特别是市场面的信心。旅游是人类长存的生活方式,而且已经不可逆转地成为了老百姓生活消费和公务、商业机构的生产消费的常态化选项,国家也在千方百计地扩大旅游消费。数十亿的旅游人次、数百亿的旅行人次,将是旅行社创新和发展最为坚实的市场基础。

我希望各位同仁继续通过改革与创新,让旅行社产业继续在国家旅游经济体系中发挥核心的作用。2012 年和 2013 年的旅行社产业评论,我分别以"重新发现的商业价值"和"从旅行社业务到旅行服务业务"为主题,核心观点就是无论市场和业态如何变化,旅游经济的运行都需要能够给游客带来信息、安全、效率和品质的旅行服务,沿着游客空间移动的需求链条,遵循"游客至上,服务至诚"的核心价值观和商业理念,综合运用包括移动通信和互联网在内的技术手段,主动与资本市场融合发展,就一定能够形成新的旅行服务市场主体,传统旅行社也将重新发现自己的商业价值,重新找回我们的自信与尊严。

我希望包括在座各位同仁在内的业界领袖能够持续拓展国际视野,不断提升商业素质和产业影响力,早日成长为世界一流的旅行服务商。随着国民旅游的发展,特别是出境旅游市场的持续高速增长,加上近年来经由市场竞争成长起一批企业家群体,包括旅行社在内的中国旅游企业,应当也可以在世界旅游经济格局中发挥更加重要的作用。我们的基础在于国民旅游与休闲消费,我们的未来在于世界旅游的繁荣与发展。在不远的将来,我们再召开旅行社峰会,就不仅是全国的,可能还是全球的。到那时,将会有更多的国际同行倾听大家的声音。

文化旅游城是旅游业创新发展的典范

（2014－03－30，北京）

各位同仁，各位朋友：

上午好！

通过影像资料和张霖总裁的讲话，结合国家旅游产业的发展趋势，我越发感觉到万达的文化旅游综合体模式正在成为中国旅游业创新发展的典型样本。

经过三十多年的发展，中国旅游已经进入了大众化发展的新阶段。这个阶段的主要特征，一是旅游已经成为了老百姓的日常生活选项，如习近平主席指出的那样，“旅游已经成为人民群众生活水平提高的重要指标”。与入境旅游时代不同，我国旅游市场的基础是国民消费需求，现在是老百姓在旅游，老百姓在消费了。2013年，我国旅游总收入达到创纪录的2.9万亿元人民币，国内和出境旅游市场规模分别为32.6亿人次和9819万人次。在限制公款消费的同时，国家一直在鼓励国民大众的旅游休闲消费。2009年以来，国务院先后出台了《旅游法》《国民旅游休闲纲要》和《加快旅游业发展的意见》，针对海南、桂林、皖南、云南等区域出台了专门的旅游发展指导意见，在新型城镇化、新农村建设、文化、海洋、扶贫等战略领域也给予了旅游以充分的重视，全国共有27个省、直辖市和自治区把旅游作为支柱产业或者先导产业加以培育。可以说，旅游已经成为国家战略的重要组成部分，并且不断提高其战略摆位。二是除了观景看物以外，游客开始进入目的地居民的日常生活空间，游客和当地人一样看电影、逛商场、品地方特色餐饮，外来游客的消费和市民的消费越来越趋于融合。中国旅游研究院的专项调查显示：度假、休闲和排解工作压力（75.41%）已经超过观光、增长见识（69.84%），成为居民选择旅游出行的首位动机。另外探险（24.37%）、增进友情和亲情（22.08%）、购物（13.01%）和健康疗养（10.93%）等动机也有明显的上升。在这种情况下，那种有山、有水，却没有生活环境配套，特别是让游客对目的地文化、科技和生活体验较少的旅游发展模式，已经淡出了旅游经济特别是旅游目的地规划和运营的主流视野。如何运用文化创意、科学技术和资本驱动的商业模式创新去有效满足当代游客特别是青年群体对目的地综合体验和深度体验的需求，既是对目的地管理机构的战略考验，也是商业开发机构和旅游运营商的智慧考量。三是信息技术、产业资本和创业团队的推动下，旅游业态和商业模式的创新风起云涌，旅游成为战略投资、产业投资和风险投资竞相角逐的主战场。目前，旅游领域的创业主要集中在基于移动通信和互联网技术的目的地营销、客源组织、便利消费与游客点评等业态，传统旅游企业的创新则集中于服务品质提升、产品结构调整、收益管理等方面，而受资本积聚和商业资源整合能力所限，一些有实力的房地产企业虽然也开发了一些酒店、主题公园等旅游休闲产品，但是面向国民休闲度假需求的大型基础设施创新，特别是带有革命性和引领性的基础创新还相对稀缺。

传统旅游业的发展模式以外来游客的观光需求为导向，主要根据游客短期停留的需要配置相关业态，项目与目的地的生活空间和商业接待体系是相互分离的。其最大的缺陷是游客除了观光外，没有办法达到对目的地的深度体验，对年轻一代的游客逐渐失去了黏性和消费增长的动力，而经营者也无法吸引当地居民消费以平衡旅游市场的淡旺季波动。万达集团在科学研判国民休闲和旅游产业发展趋势的基础上，从培育市民的当代生活场所和游客的综合体验空间的双重视角去配置研发项目和组合产品，从而拥有更加坚实的市场基础，也形成了有效运作的商业模式。从具体项目上看，新一代的万达城更加强调对国民旅游休闲需求的系统把握，更加强调对本土文化的尊重，更加强调对当地旅游资源的整合与提升。哈尔滨项目把冰雪文化放到重要位置，在室内主题公园规划了滑雪场、滑冰场；青岛万达城嵌入了投资规模最大的影视产业项目，以全新的影视旅游主题有效改善了当地的旅游生态系统。这种基于“旅游景点 + 持续体验的游乐业态”，全面完善包括住宿、餐饮、商业等在内的配套体系的运作模式，不仅能够有效满足国民休闲度假需求，也为中国旅游产业转型升级和参与国际竞争提供了现实的路径选择。

曾经参访了几个万达城项目，与高管团队进行了专业沟通后，旅游中心的项目组合及其文化创意、科技应用都给我留下了深刻印象。比如旅游中心很好地融合了世界级的室外主题公园和基于本土文化的室内主题乐园的设计元素，让游客和市民一年四季都有的玩，也愿意来玩，从而为平衡客流的季节性波动和提升旅游目的地的产业竞争力提供了现实可能。在具体的产品设计和服务创新上，除了引入世界一流的文化创意团队，还聚集了旅游领域一流的商业运作团队，客观上改变了资源开发靠“二老”——老天爷馈赠给我们的自然遗产和老祖宗留给我们的历史遗产，企业运营靠经验——“祖国山河美不美，全靠导游一张嘴”的传统产业形象，从而真正地把旅游导入了现代服务业体系，就是面向当代人的生活需求，依靠文化、科技、人力资源和商业创新驱动的产业发展模式。

当前，旅游发展正面临着前所未有的战略机遇期，两个百年的“中国梦”都有一个老百姓的“旅游梦”：2020 年我国全面建成小康社会之日，也是“基本落实职工带薪休假”之时；2050 年中华民族伟大复兴的梦想实现，也必将推动我国从“旅游大国”成长为“旅游强国”。旅游是一个开放的领域，也是一个呼唤创新的产业，我们期待像万达这样的商业领袖能够凭借自身的资本、技术、人才、土地和商业模式的优势，以大众旅游需求为导向，通过卓越的商业智慧和强大的执行力来建造一个市民与游客共享的生活空间，成为国家旅游业转型升级的商业典范。

创业照耀旅游的星空

——在黑马大赛旅游行业决赛上的主题演讲

（2014－04－12，北京）

老师们、同学们：

上午好！

今天到场的很多是85后、90后的年轻人，看着你们朝气蓬勃的面孔，不由得感慨万千。忆起我在这个年纪的时候，一纸毕业分配证书把我从江南校园的读书郎变成了淮河边上另一座校园的教书匠。十年后，一纸调令让我来到偌大的京城，一边教书，一边做着大学校长的梦想。又过了八年，还是怀揣着一纸调令到国家旅游局报到，奉命组建中国旅游研究院。转回头去看看半生的轨迹，也算是尽心尽力地做了些事情，只是想想这些年竟然没有找过工作，或者说没有主动地按自己的想法去做些事情，偶尔会有些遗憾。你们这么年轻，就开始追逐自己在旅游领域中的创业梦想，还有这么牛的导师给予帮助，着实令人羡慕加嫉妒啊！

上个周末是清明节，也是马年的第一个小长假。尽管依然是无所不在的拥挤，无时不有的抱怨，但是国民大众出去走一走、看一看的愿望还是空前的强烈。故宫、黄山、龙门石窟、鼓浪屿……稍稍热门的景点都超过了最佳，甚至是最大承载量。事实上，不仅是传统的旅游景点，众多都市和乡村的日常生活空间都在为当地居民和外来游客共同分享。北京的南锣鼓巷、成都春熙路、上海东方新天地、苏州猫的天空、徽州乡村的油菜花地,还有厦门大学的美丽校园,管它是不是A级景区呢,都印上了游客的足迹。风景和人文之外,从庆丰包子、玉林串串香等舌尖上的中国,到法国的香水、瑞士的手表、香港的奶粉,到《印象丽江》《延安保育院》、东北二人转,都成了游客分享的对象。正是这些风景之上的生活,让旅游日益演化成为广阔无边的星系。2013年,我国旅游业除了接待1.29亿人次的入境游客,还有32.6亿人次的国内游客,以及9819万人次的出境游客,形成了近3万亿元的大市场。《中华人民共和国旅游法》《国务院关于加快旅游业发展的意见》《国民旅游休闲纲要》等一系列法律和文件的出台标志着旅游业正式进入了国家战略体系。可以说,大众旅游的持续快速发展已经为创业准备好了有效的市场支撑。

如此广阔的星系起源于35年前的入境旅游市场,伴随着改革开放的步伐,长期定位于"民间外交"的旅游业步入了市场化的进程。那个时候我国的外汇储备还是个位数,在创汇战略的导向下,无论是旅行社、酒店,还是景区,都是围绕入境市场,特别是团队观光市场构建的。1999年第一个"国庆黄金周"开始,国民大众在境内和境外的旅游活动进入了总量增长和结构变化的新阶段。受制于传统的作业习惯和政府的管制要求,业界在很长时间都无法有效适应需求的变化。由于对目的地信息有了更多了解,国内游客特别是年轻人更愿意使用机票、酒店、出租车等单项服务,更愿意体验景区之外的目的地生活,而不是跟着导游的小旗子去完成既定的程序。在此背景下成长起来的携程、艺龙、同程、驴妈妈,在对旅行社的内涵与外延重新界定的同时,也书写了当代旅游产业的传奇。不同于入境和政务客人,年轻一代的商务和休闲旅行者更加关注住宿消费的核心诉求,而不是以多少颗星作为自己的选择依据。当传统酒店业特别是那些政府和房地产背景的投资者还在奔着五星和白金五星的牌子,为游泳池、总统套房、西式宴会场所等华而不实的项目投入重金的时候,如家、7天、汉庭、桔子、布丁们在那些穿西服的总经理所不屑的经济型酒店领域获得了有目共睹的商业成功。在大众旅游正在由初级阶段向中高级阶段演化的进程中，包括但不限于中端酒店、主题酒店、旅游购物、汽车租赁、房车旅游、演艺票务、旅行支付，还有众多的细分市场需要创新的业态加以满足，或者说旅游的星系中还有太多的空间有待照亮。据我所知，旅游业界的大佬们，包括旅游集团二十强的领导人，也包括不久前完成了 IPO 的大叔们，一方面因为年轻人的创业与创新而焦虑，担心自己是否会一不留神就 OUT 了；另一方面又对未来充满信心，这份信心来源于自身的实力和与时俱进的创新——别忘了他们商界精英的身份，更别说还可以随时收购你们的创业项目，更来源于对旅游市场空间的深刻把握。

老师们、同学们：

在市场资源配置中越来越起决定性作用的今天，在移动通信、互联网、大数据为代表的信息技术日新月异的今天，在年轻人正在改变旅游世界的今天，创业将照耀旅游的星空，并将持续扩展旅游的商业边界。我的好朋友，去哪儿的 CEO 庄辰超先生和他写代码出身的工程师团队，以其卓越的技术开发和商业实践能力告诉我们：以更低的预算完成自己的旅游梦想，以有限的投入去覆盖更大的市场都是完全有可能的。还有站在导师席的浦明辉先生和他在路上的团队、王江先生和航班管家、高铁管家的团队，以及更多今天没能到场的创业者们，已经用他们的成功再次证明了“除了变化，没有什么是永恒不变的”。旅游领域从来没有像今天这样充满变化、创新与激情。我们看到，从行前的信息收集、消费者互动、证件、票务，到旅程中无所不在的生活，到行程结束后的点评与反馈，旅行社正在从狭义的旅游服务走向广义的旅行服务；我们看到，从故事衍生的品牌定位，到科学、艺术与时尚化的产品设计，到契合互联网思维的公司文化，传统的星级酒店正在为市场导向的旅行住宿业态创新所颠覆。我们看到，从风险投资者、产业投资者，到战略投资者，从民间资本到国际资本，都投入了专门的力量不停地扫描旅游休闲领域的创业项目与创新活动。在这个旅游市场持续扩容、消费方式复杂多变、旅游业态不断创新与重构的伟大进程中,无论是投资者、经营者,还是政府与学术界,都在谈论着一个共同的话题:旅游创业的时代来到了!尽管不是所有的创业都会成功,但是可以肯定的是,守着过去按部就班地生活一定不会成功。

创业总是与激情和自信相伴,年轻的创业者更是如此。前几年热播的青春剧《奋斗》有句台词:千万别给我机会!是啊,因为年轻,会有说走就走的旅行,因为年轻,更会有“与其坐而论道,不如起而行之”的创业冲动。创业也是理性的,敲开风投经理的大门,说一段故事就融来大笔资金让自己任意烧钱的桥段只会存在于影视作品中。现实告诉我们,没有清晰的技术模式和商业模式,没有优秀的创业团队和头拱地的奋斗,创业的梦想将可能永远只是梦想。就是做到了这些,也会有失败的风险,就是成功了,还会有被更年轻的创业者超越的可能。如何走向成功,在座的导师和同行都会给同学们更好的指导,特别是今天成立的黑马会旅游行业分会更是让我们找到了组织。我能够给予的只有三句话:旅游是人类的基本权利,也是长存的生活方式,值得我们投入毕生的才情与努力;相信人间正道是沧桑,要做阳光下的生意,为游客提供有品质的服务,为合作伙伴提供共同成长的空间,成功则承担更多的社会责任,失败了也不要紧,还可以从头再来;作为一名旅游智库的领导人,我将永远与创业者在一起。

中国梦,创业梦!

旅游的星空注定会因为你们而更加明亮!

同学们,加油!

稳定增长的旅游市场与多元创新的酒店投资

——在中国酒店投资峰会上的主旨演讲

（2014－04－23，上海）

女士们，先生们：

上午好！

在过去的十年中，尽管受到了非典型肺炎（SARS）、国际金融危机、入境旅游市场下降等事件的冲击，但是受益于全球第二大经济体的形成、资本市场的完善，特别是大众旅游需求的稳定增长，我们还是共同见证了酒店产业前所未有的黄金发展期。在这个值得载入世界酒店发展史册的历史进程中，投资商、管理公司、设备与服务供应商、研发教育机构，以及法律、财务、工程咨询等专业机构，都为酒店产业的健康发展付出了不懈的努力，也获得了相应的回报。从2013年开始，酒店产业特别是高端业态的市场表现从繁荣的顶点向下回调，同时我们注意到，地方政府、房地产企业和境内外的战略投资者仍然保持对酒店的投资热情，而中端酒店、经济型酒店、主题酒店、精品酒店等领域则明显带有发力成长的迹象。展望当前和今后一个时期的中国酒店投资，可以说正在进入理性调整的关键时期，并在为下一轮的产业发展孕育着新的能量和动力。

新的能量来自于国民经济增长和居民旅游休闲的内生性需求的稳步增长。

三十年前,入住酒店的客人主要是来自境外的商务人士和观光客。对于普通百姓而言,酒店还是一个神秘的场所。那时城市里的女孩子买了件时髦的衣服,第一个念头不是去见男朋友,而是去酒店大堂转一圈,找找感觉。偶尔有在酒店开会的机会,还会让家人来看望,以便在房间里洗洗热水澡。二十年前,国内的政务和商务客人多了起来,拥有五星级酒店往往成为城市现代生活的标志。而最近十年,酒店开始进入了百姓的日常生活,与朋友一起去酒店吃饭、喝咖啡,甚至举办体面些的婚礼都是很平常的事情了。由于年轻一代创业的努力,特别是经济型酒店品牌的快速扩张,更多的青年人外出旅行时选择酒店的种类更多、范围更广了。

中国之所以能够在短短三十年的时间里就实现酒店业态从引进到普及,再到品牌创设的历史进程,主要是因为持续增长的国民旅游消费为酒店市场基本面提供了持续向好的有力支撑。2013 年,中国国内旅游达到了空前的 32.6 亿人次和 2.65 万亿元人民币的市场规模,人均每次旅游消费支出 767.9 元,其中用于住宿的比重是 14% 。从城乡结构上看,城镇居民人均每次旅游花费 914.5 元,农村居民为 491 元。另外还有大约 600 亿人次乘坐飞机、火车、长途汽车和水上交通工具在城乡旅行,无论他们是观光、休闲、商务、探亲访友,还是看病、打官司,都会有相应的住宿需求。同样不可忽视的还有本地休闲市场,酒店早已经从早期封闭空间走入了老百姓的日常生活,人们会选择在酒店餐饮、研讨、聚会和举办婚礼。维也纳酒店集团的高层管理人员告诉我,他们拥有 4 个宴会厅的酒店,曾经一个周末举办了 8 场婚礼。如此之大的市场潜力,吸引越来越多的民间资本进入也就不是件奇怪的事情了。

持续增长的民间需求将推动酒店业的常态化发展,从预测数据来看,消费总量仍有增长的空间,需要关注的是市场结构和消费方式的变化。随着政府厉行节约特别是公款消费预算趋紧的政策效应的显化,政府公务人员和国有企业在酒店的消费规模在缩减,人均消费额也明显下降。任何时候,公务和商务旅游都是客观存在的，随着经济社会的发展，这块市场肯定还会进一步扩大，但是那些依靠政府消费支撑的奢华酒店将会发现日子越来越不好过了。事实上，诸如春节期间三亚高达数千元一个间夜的市场本来就不是常态的。没有哪一个国家可以长期、大范围地把酒店产业的繁荣建立在公款消费的基础之上。考虑到酒店大客户群体的基础往往是国有企业的差旅消费、奖励旅游和会议消费，我们也要做好这部分市场预算稳中有降的心理准备。值得关注的是新一届政府通过降低创业门槛、减少企业税负、扩大就业等激发市场活力的政策，有效促进了民营企业特别是中小企业和微型企业的生长，由此带来的商务差旅消费与国民旅游休闲消费一起构成了今后一个时期酒店主导性的消费市场。

习近平主席在2013 年4 月于莫斯科举办的“中国旅游年” 开幕致辞演讲中指出:旅游是人民生活水平提高的重要指标。中央和地方政府在限制自身消费预算的同时，一直在为国民大众的旅游休闲消费创造宽松的政策条件和市场环境。近年来，中国先后颁布实施了《中华人民共和国旅游法》《国务院关于加快旅游业发展的意见》《国民旅游休闲纲要》，并针对海南、桂林、皖南、云南等区域出台了专门的旅游发展指导意见，在新型城镇化、新农村建设、文化、海洋、扶贫等战略领域也给予了旅游以充分的重视，全国共有 27 个省、直辖市和自治区把旅游作为支柱产业或者先导产业加以培育。可以说，旅游已经成为国家战略的重要组成部分，并且不断提高其战略摆位。从长期来看，我们没有理由不对中国旅游与旅行市场，也就是酒店业的市场基本面保持乐观的预期。

女士们，先生们:

酒店投资不仅仅要研究消费基本面，还要理性审视产业基本面，特别要了解谁在投资，投资什么，以及如何投资。从现实来看，以房地产企业、战略投资者和基金管理者为代表的多元化投资主体依然是高端酒店项目投资的主力军，新品牌的创设和单体酒店产品创新的兴起，正在为中国酒店投资领域注入新的生机和活力，产业链条的延展和业态的分化与融合，足以让我们对今后一个时期的酒店投资充满期待,并保持向上的信心。

政府在酒店领域的直接投资正在减少,但是政府的力量仍然无处不在,尤其是那些数以百亿计的旅游综合体和城市综合体中的酒店投资,往往是地方政府与房地产开发商合谋的结果。这些二、三线甚至是四线城市旅游或者城市综合体中的酒店项目,绝大多数以新建为主。多年来形成的投资惯性,转变发展方式不是那么容易的事情。尽管高星级酒店和高端餐饮企业景气值仍然处于低位运行区间,但是由于这类项目可以快速拉动地方 GDP 增长、土地增值和商圈的成熟,二线和三线城市的政府领导人依然热衷于上高端酒店项目。传统旅游业的发展模式以外来游客的观光需求为导向,主要根据游客短期停留的需要配置相关业态,项目与目的地的生活空间和商业接待体系是相互分离的。其最大的缺陷是游客除了观光外,没有办法达到对目的地的深度体验,对年轻一代的游客逐渐失去了黏性和消费增长的动力,而经营者也无法吸引当地居民消费以平衡旅游市场的淡旺季波动。在这一背景下,以万达、富力、世纪金源为代表的房地产企业,以及香港中旅、华侨城、杭州旅游集团为代表的综合旅游运营商先后在长白山、西双版纳、桂林、青岛、珠海、杭州、无锡、合肥、南昌、哈尔滨、三亚等地大规模开发综合性的商业地产项目。这些区域将是未来一个时期高端酒店开发的热点区域,在满足国民休闲度假过程中的综合体验的同时,也会带来区域旅游价值的提升。需要警惕的是,如果没有本地居民稳定的常态化消费,仅仅依靠外来游客的消费,可能会为酒店经营带来客源不足和消费不可持续的市场压力。

在关注多元主体的分散增量的同时,也要关注伴随品牌创设而来的轻资产投资动向。不同于房地产开发商对高端酒店的重资产投资,也不同于管理公司的品牌特许和受托管理,早期的如家、7 天、汉庭、锦江之星,后来的维也纳、桔子、布丁,以及刚刚完成品牌研发,正在准备进入市场的丽枫、全季、亚朵等中端酒店项目,普遍采取了租赁、改造和直接经营的方式。这种轻资产的投资方式虽然体量不是很大,但是成百上千的投资计划还是会从根本上改变中国酒店产业格局。还有既有酒店项目的定期改造与产品升级所带来的分散化投资,比如传统酒店对智能化和环境保护方面的专项投资,以及像7天优品、7天阳光等高端经济型酒店升级的定向投资,都是我们在研究中国酒店投资时必须关注的动态。

酒店投资领域另外一个值得关注的现象是旅游住宿业的外延在不断拓展。远洋邮轮、豪华游船、海上浮动岛、房车等新的融旅行与住宿于一体的新兴业态正在进入我们的视野。服务于度假租赁的途家公寓、面向本地年轻人房屋租赁市场的酒店式公寓等业态的发展,也正在颠覆我们对酒店业和住宿业概念的传统认知,特别是对酒店的统计和运营提出了挑战,但对于消费者而言却是福音,又多一个不错的选择。

酒店的资本属性和金融属性也在日益凸显。在结构性过剩背景下,酒店并购、重组和交易渐趋活跃,有的酒店开始寻找买主,有的资本在寻找待出售的酒店。例如万达集团,在国内市场出售一些酒店资产,但同时在境外寻找收购目标。考虑到养老等寿险基金、信托基金、战略投资者的介入,不排除近期会有一个酒店并购的小高峰。酒店资产也正在寻求与证券、股票等金融市场的对接,例如海航酒店集团正在寻求通过借壳在港交所或A股上市,而信达资产和高盈资本也在中国市场寻求酒店资产证券化业务的投资机会。需要说明的是,酒店产业投资在兴起,但是体量有限,由于对未来的预期不明晰,更有部分企业家的不安全感,一部分资金开始往境外流动。1998年以来,出境旅游的持续增长已经开始带动国内资本追随中国人在境外的足迹去投资酒店物业。2013年我国出境旅游9800万人次,在海外消费达1286亿美元,增速分别达到18%和26%。去年海航集团、开元旅业、君澜酒店集团等纷纷收购海外酒店物业,复星集团、万达集团以及重庆康德集团、四川兴力达集团等也瞄准了海外的酒店资产。

基于本土市场需求和原创品牌的酒店投资,正为下一个十年的黄金发展期奠定更加坚实的市场能力,并将为全球酒店业带来真正的中国元素和中国风格。与过去相比,各位不仅要关注外国人到中国和中国人在境内的市场需求,还要关注中国人在境外的旅游需求所带来的投资机会,以及中国企业家在世界范围内的投资战略和品牌拓展。

女生们,先生们:

对包括酒店在内的不动产投资,不仅仅要考虑当前的市场环境,更要考虑那些长期的影响因素。我们固然要关注市场基本面和政府的宏观调控政策——它们在一定阶段内不会有大的变化。尽管银行早就对酒店等商业地产释放了限制贷款的信号,但是到目前为止,国家并没有出台限制酒店投资的产业政策。我们更要看到消费模式、科技应用与文化创意对酒店投资的影响力正趋于增强,更加理性的、符合市场需求的酒店投资正在成为主流模式。

国民大众的旅游需求和消费模式的变迁,不仅决定着酒店投资的方向、规模与结构,也对酒店投资的空间布局、业态选择和产品组合决策产生影响。随着新型城镇化建设的推进,高速公路和城际铁路联结而成的城市群的扩大,可以预期高端酒店依然还会有投资机会,但是更多的资本将追逐那些更加符合大众旅游需求的多元化住宿业态。我们越来越明显地感觉到:旅游也好,旅行也罢,都在逐渐回归生活的本质,特别是消费决策的理性回调和消费导向的时尚同步。客人真正需要的是什么,往往成为酒店业界必须不断探索和修正的主题。可以预期,那些能够满足1985年前后出生的年轻旅行者需要的酒店品牌,以及基于科技、时尚、文化创意的产品设计,比如主题酒店、精品酒店、度假酒店将会成为资本追逐的对象。

中国商界正在流行互联网思维和跨界颠覆:微信在冲击了移动通信市场后,正在让金融特别是银行业变得很紧张;乐视为电视机的购买者提供了1000元的补贴,让家庭的电视墙变成了广告屏,直接冲击了CCTV等主流传媒的地位;中关村的3W和车库等咖啡馆的现场众筹模式改变了风险投资机构坐等创业团队上门汇报的传统做法;携程让众多的酒店和航空公司变成了工业领域的制造工厂,而去哪儿、蚂蜂窝则迫使携程在移动互联终端投入大量的资源。科技进步在提升促销、预订、支付、运营效率的同时,也正在提升客人对酒店消费的综合体验。互联网、移动互联网、大数据、智能化等技术不仅对销售渠道和支付手段带来巨大冲击,对酒店设计、运营管理以及消费者体验都带来了颠覆性变化。过去是资本雇佣劳动,资本购买技术。在知识和技术主导变化的今天,也许劳动雇佣资本,资本为技术服务的时代正在到来。

青年一代的价值观开始从边缘走向主流,正在重构酒店的市场基础和投资导向,"得屌丝者得天下",年轻人正在改变酒店的世界。看着各类选秀节目成长起来的年轻旅游者更愿意为自己的核心消费需求付费,而不是为了那些华而不实的项目和带有表演性质的服务付费。无论是商务旅行,还是观光休闲,他们都愿意享受自主的生活方式。有调查表明,客人到店后更关注有没有免费的WiFi,而不是有没有游泳池;更关注有没有可以和其他人——无论是旅行者还是当地人——自然交流的咖啡厅,也就是时尚的实体社交平台,而不是"高大上"的多功能厅。生活观念的影响如此强烈,以至于酒店投资者和品牌研发者越来越注意倾听来自时尚、文化和社会领域专业人士的意见与建议。只有年龄相仿,价值观相同的人——而不是那些自以为有着丰富从业经验的团队,才会真正懂得如何去满足年轻旅行者的核心诉求。认识到这一点,传统的酒店管理公司可能会觉得很焦虑:这么多年的品牌积淀、如此丰富的从业经验,在不按常理出牌的年轻人面前似乎变得没有任何分量了。更可怕的是,不管我们承认还是不承认,年轻的创业和创新者都在一天天地成长,传统的酒店投资和品牌运营空间都在一天天地缩小。

你,准备好了吗?

洒满阳光的新世界

——7天优品、7天阳光酒店品牌印象记

（2014－04－16，广州）

在7天公司成立九周年之际，7天推出了两个新版本产品——7天优品和7天阳光。看完了厚厚一大摞的品牌提案和产品设计稿后，我给董事长郑南雁先生发去微信：被打动了。

我被公司提炼的当代客户需求打动了。经过三十多年的市场化进程，中国旅游住宿业通过引进国际连锁酒店品牌，特别是高端品牌，让我们知道除了面向特定的政商要客的国宾馆和面向大众旅行者的社会招待所之外，还有这样一种业态，客人只要能够付出足够的金钱就可以得到平等而有尊严的食宿及相关服务。相对于根据客人的官阶和国籍提供差别服务的传统业态而言，商业酒店仅仅依据客人的消费能力提供平等服务，无疑是历史性的进步。但是在相当长的时间里，愿意并能够在五星级酒店消费的群体毕竟是少数，对于绝大多数的普通旅游和旅行者而言，他们更希望在有限的预算内满足其最为核心的住宿诉求——当然是以必要的品质为前提的。十年前，南雁先生和他的创业团队以“天天睡好觉”的商业理念和卓越的市场能力打造了“7天”这一经济型酒店领域的领导品牌。在我的心目中，正是7天等经济型品牌开启了中国旅游住宿产业自主创新的历史进程。从纽交所上市到私有化，数千万的“7粉”始终不离不

弃，而公司也在持续关注市场的动向和客人需求的变化。

在分析研究旅游市场规模、客源结构和消费模式变化的基础上，我在2008年做出了中国旅游业进入大众化发展初级阶段的判断，并致力于推动国家战略、产业投资和市场运营以国民大众旅游者的核心诉求为导向。今天，我们越发明显地感觉到：旅游也好，旅行也罢，都在逐渐回归生活的本质，特别是消费决策的理性回调和消费导向的时尚同步。就是没有政府厉行节约的政策限制，那种大规模复制的高度个性化服务也不太可能实现，何况数以千万计的高端酒店复制这种服务的结果，只能是导致一场比谁更逢迎顺从的竞赛，而真正的问题在于，很多人并不想被感动。因此，客人真正需要的是什么，往往成为业界必须不断探索和修正的主题。今天，年轻的旅行者依然会努力工作，但是与年长的一代相比，他们更加看重生活的品质和过程的享受。值得关注的是，看着各类选秀和生活服务类影视作品成长起来的年轻人已经具备了相对独立的价值观：我的生活我做主，旅游和旅行，原本就是短期的异地生活方式，应该充满阳光，简单而快乐。他们宁愿要有瑕疵的真诚，而不是精致的标准或者说表演。我们看到，酒店仍然是商业的，但是不再是一成不变的标准复制，而是满足新成长起来的年轻人在旅程社交中需要的小型社区，甚至是与本地人在酒吧和咖啡厅即兴交往的都市休闲空间。定位于商务、时尚、高端经济型的7天优品，以满足7天会员中有更高品质诉求和消费能力的人群为己任，倡导“年轻与岁月无关，年轻是一种积极参与世界、感受世界、改变世界的生活方式。”一句“如果额头终将刻上皱纹，你可以做到皱纹不会刻在自己心上”，直指变化中的当代价值内核。所谓客户需求，不过是价值观和生活态度在商业领域的市场特征罢了。

我被品牌承诺的住宿体验和服务品质打动了。把握客户需求只是商业创新的第一步，接下来则要考验公司满足客户需求的能力。从7天新产品的产品要素和设计组合来看，科技、时尚、环保和社区的价值主张基本上都得到了实现。大堂和优吧的背景墙、青春墙、电子显示屏、上网、打印、售卖等自助设备、娱乐设施,客房分区设计的机顶盒收纳、床板横幅画、智能电视装饰画和照片墙、环保材质的家具、毛巾封包、睡前牛奶、集成式书桌,以及走廊区域的灯光设计,无不精心回应了目标市场的年轻态诉求。基于主流价值观和生活方式的商业表达,应是可以让更多的行者得以"优享新世界"。在传统的观念中,品质总是与高价位相关联的。为了实现更高的品质享受,商家当然需要在品牌研发、要素设计和产品具化上投入相应的资本和成本,也需要在市场上获得一定的回报。从新品牌的市场方案来看,公司通过科技进步、管理创新和规模经济把部分成本内化了,300 元/间夜以下的定价,让我看见了"老百姓享受得起的品质"在旅游住宿市场上正在逐渐变成现实。

我被品牌进入包括县镇在内更大市场范围的真诚和勇气打动了。还在校园教书的时候,我每年冬天都会布置研究生回到所在县城做旅游住宿市场的专题调研工作。在某次内部讨论会上,有同学说当地实在没有什么可以调研的,因为那里别说国际品牌了,就是三星级酒店也没有。我就问她有没有"胜利旅社"、"为民招待所"之类的住宿设施呢？如果有,为什么不去关注？老百姓进城办事、外地人到当地差旅公干,现在随着国民旅游的兴起和出行范围的扩大,还会有更多的休闲客人到访县城和更小的城镇,他们的消费能力有限,但是也同样需要干净整洁的住宿设施、快速免费的网络环境,以及相互间交往互动的需求,这是有待开发的巨大潜在市场啊！只不过需要更多的耐心和更高的商业能力罢了,很多年了,这个庞大的市场一直就在那里,却没有人去关注它们。喧嚣杂乱的街道、陈旧的店招、昏暗的大堂、衰败感的客房,以及无精打采的服务员工,是我们对县城客栈的主流感觉。这个让我牵挂多年的市场,今天终于有"7天阳光"把这个梦想照亮了。她是"快时尚":紧贴都市酒店的设计理念、简约时尚的设计风格、干净舒适的房间、快捷时尚的服务及消费方式为客人带来触手可及的都市时尚。她是"慢生活":智能科技和空间布局,集高速 WiFi、集成插座、音乐和智能电视、微信互动、休闲桌椅于一体,让客人在商务、差旅和游乐之余，同样可以触摸都市休闲生活。这将是酒店品牌的市场创新和空间拓展，也是都市文明和休闲生活与城市化的同步对话，历史将证明：7天不仅仅是一个酒店品牌，还是更多行者可以尽情分享的洒满阳光的新世界。

祝贺7天！祝福酒店新世界！

智慧旅游的笨功夫与大智慧

——在三亚市智慧旅游座谈会上的主题发言

(2014－04－17,三亚)

尽管少年求学时就经常坐火车旅行,但是直到上个月在北京参观中国铁道博物馆,才第一次零距离地接触火车的动力系统和驾驶空间。从老式的蒸汽机车到后来的内燃机车,再到当代的动力机车和高速列车,从轨道铺设、车站建设、列车编组,到中央调度,再到全国性的网络规划和国际合作,特别是那些大家伙货真价实地杵在面前时,我被工程技术及其制造成果深深地震撼了。在那一刻,我忆起了高铁商务舱的乘坐经验,也想起了“高铁管家”的旅行服务软件,突然有一种看戏人从台前走到幕后的感觉:那些看起来很有创意的表演,原来都是建立在极其理性的工程技术之上的啊。事实上,每一次的技术应用都是以装备制造工艺的革新为前提的,它们如同叠罗汉的基座,敦敦实实的,毫不起眼,而观众的聚焦点都是最上面的演员。普通观众是来欣赏艺术的,这么看戏是完全可以理解的,可是内行不能这么看,更不能这么演啊。我们得仔仔细细地做好规划,谁负责搭台子,谁负责灯光和音响,谁来做基座,谁去做角儿,得把这些笨功夫做足了,接下来才是做广告,卖戏票什么的。如果没有前期这些基础,自己也不愿意下苦功夫,上来就是做创意,抖机灵,就好比别人用手电筒打个灯柱,你就顺着往上爬,靠不住嘛。

发展智慧旅游也是如此,要做好前台的创意表演,更要做好后台的笨功夫。有了轨道、列车、车站等基础设施,有了市场主体和标准化的品质保障,我们就放开空间让计算机高手去开发高铁管家 APP,让携程去卖打折的高铁票,让旅行社去开发自由行产品,让蚂蜂窝去做游客的点评和攻略好了,可是如果没有这些基础设施呢?就算我能搜索到远在天涯的目的地信息又能如何?还不是望海兴叹嘛。所以我对各地发展智慧旅游的第一希望就是要认真研究本地的旅游基础设施,包括交通和制度上的可进入性,酒店、餐馆、公交、地铁、出租车、商场、电影院等商业体系,以及社会治安、救援、保险、民事调解与司法救济等公共管理体系的完善性,不是跟风,更不炒概念,而是因目的地制宜,因旅游发展阶段制宜,踏踏实实做好智慧旅游的摸底工作。只有智慧旅游的新理念与传统旅游的老基础相协调时,才能够发挥更大的作用。

作为国际热带滨海旅游城市和海南国际旅游岛前沿城市,三亚市很早就开始着手旅游信息化布局,一些项目是全国乃至世界领先的,比如为快速解决入境游客在三亚遇到语言不通的问题,我们推出了多语种翻译系统。这套系统是目前最先进的远程翻译模式,外国游客只需通过电脑、电话与翻译人员建立联系后,就能实现三方通话,快速了解需要的资讯信息,而且可以提供中文、英语、俄语、韩语、日语、西班牙语六个语种服务。还有遍布各大景区和酒店的旅游公共信息查询触摸屏,天涯海角景区推出网上和手机 APP 订票便捷服务,游客只需通过扫描天涯海角景区手机二维码,就可以预订门票,都是很有效果的事情。有意思的是另一个数据,中国旅游研究院连续五年对全国 60 个优秀旅游城市进行游客满意度的调查与监测,三亚的分数一直不高,排名也是偏后的。省、市两级政府特别是旅游主管部门的领导很困惑:这么美丽的自然风光,这么好的度假设施,还有下了很大力气的智慧旅游,怎么游客就不买账呢?问题出在三亚的城市商业接待体系和公共服务体系上,我们城市化进程的时间短,常住人口少,结果就是有资源、有景区、有酒店,就是没有城市。尽管中央和省市都希望有更多的入境游客,但是在当前和今后一个时期,可能还是国内的大众游客来消费,而且散客化的趋势越来越明显。2014 年春节黄金周,三亚共接待游客 70.74 万人次,其中,接待散客、团队的比例为 61∶39。越是散客化,越要求城市环境的整体配套,满意不满意的评价对象不仅仅是传统的旅游要素,而是整座城市,只不过是用游客的视角罢了。像 WiFi 这样智慧旅游的基础设施,我查了一下游客的评论,普遍的感觉就是“不给力,基本就是一摆设”,还有游客对某温泉酒店的评论,“晚上入住的,夜晚静得吓人,灯光昏暗,没有 WiFi”。在这种情况下,你的手机 APP 开发得再好也会效果打折的,轨道都没铺设好,有了火车也没法子跑啊。

对旅游基础设施、商业接待和公共服务体系与智慧旅游的适配性下了一番笨功夫,接下来就是智慧旅游的规划、开发、推广与应用的问题了。在消费需求和市场主体的推动下,在行政主管部门的倡导下,特别是今年又是“智慧旅游年”,国家和各地发展智慧旅游的热情非常高涨。现在看来,我国智慧旅游的发展似乎已经有了一个较为模糊的总体部署,就是“一个中心”(镇江国家智慧旅游服务中心)、“一批智慧旅游试点城市”(目前全国共有 33 个智慧旅游试点城市:2012 年首批 18 个城市,2013 年第二批 15 个城市。首批 18 个城市为:北京、武汉、成都、福州、大连、厦门、黄山、温州、烟台、洛阳、武夷山、南京、苏州、无锡、常州、南通、扬州、镇江。其中江苏有 7 个城市,是国家智慧旅游试点城市最多的省份;第二批 15 个城市为:天津、广州、杭州、青岛、长春、郑州、太原、昆明、贵阳、宁波、秦皇岛、湘潭、牡丹江、龙岩、铜仁)、“一个智慧旅游大国”。从现在的情况看,似乎有一种倾向,就是政府特别是旅游局不仅要做好规划,还直接做了一批应用平台和推广项目,都是花了很大成本的。记得参访某省级智慧旅游中心,听完目的地推广、商业服务和公共管理三大模块的建设介绍并实时演示了对某山丘型景区的远程观察后,我问了局长两个问题:你做的这些项目有哪些是携程、去哪儿公司不能做的?已经投入的摄像监控、足迹跟踪和服务器等硬件资源有哪些是要解决游客那些核心诉求的？智慧旅游主要是依靠市场主体来满足游客核心诉求的，或者说移动通讯、互联网、金融、保险、医疗、旅游等企业才是智慧旅游的主力军和实践者。政府对游客需求的变化不可能像商业机构那么敏感，更不可能找到适应市场需要的商业模式，比如建一个目的地推广网站或者手机应用终端是容易的，可是推广网站本身也是要推广的啊！据说携程每年向百度购买流量的费用就是数亿元。更重要的是，政府直接介入产品和服务预订既不兼容“三定方案”，也不符合国际惯例。所以说，智慧旅游发展过程中，政府和业界一定要找准自己的位子，真正让市场在资源配置中发挥决定性作用，或者说让行政的归行政，让市场的归市场吧。

最后要从目的地体系乃至整个旅游经济运作过程中给智慧旅游一个恰当的定位。在 80 后、90 后的年轻人开始改变旅游世界的今天，在移动通信、互联网和大数据全面渗透日常生活的今天，漠视智慧旅游肯定是战略错误，可是把智慧旅游视为旅游工作的中心、核心甚至是压倒一切的任务，可能也会出问题的。客观地讲，智慧旅游现在触及的仍然是旅游的“表”，并未改变旅游的“核”。智慧旅游更多的是带来“便利性”：让游客的旅游行为更加便利、让旅游企业的营销更加便利、让政府的管理和监督更加便利。这种便利性更多地体现在拉近了游客与旅游吸引物之间的无形距离、疏通了游客与吸引物之间的互动通道。高铁能够将游客在短时间内送到很远的距离，游客轻触手机屏幕就能足不出户感受天南海北的别样风采。徐霞客那个年代断然想象不到今天的我们能够如此便捷地感知大地、能够让旅游如此地“智慧”，但是不要忘了，《徐霞客游记》的精髓是他灵魂深处对山川万物的爱恋，纵使千难万险，心向往则行必至。游客在评估花那么多钱、费那么多时间是否值当的最核心因素是：旅游吸引物本身的旅游价值，还有目的地空间的生活价值。

希望包括三亚在内的旅游目的地政府和业界在加大智慧旅游的建设步伐的同时,能够更加务实地完善和提升旅游吸引物的内涵,着力营造和提升城市整体的现代化水平,构建市民与游客共享的生活空间。如此理念,也是大智慧的。

看见

——在丽枫(LAVANDE)酒店品牌发布会“枫和日丽”上的主旨演讲

(2014-04-25,北京)

我的好朋友郑南雁先生是一个喜欢不按常理出牌的企业家,他总会给我意外的惊奇。比如我刚跟他学会把稿子放下做演讲,他就开始拿稿子发表正式讲话了,而且是站在讲台后面认认真真地讲。从刚才现场的热烈掌声来看,我要是再跟着他学,肯定要拜下风的,只好就站在这里随便说两句好了。说什么呢?就说我看见了什么吧。

我看见了一家传奇企业的成长。

还记得十年前跟南雁先生第一次见面的时候,我还在一所大学任教。他到学校去找我聊天,年轻、帅气,穿着T恤和牛仔裤、背着双肩包就那么来了,以至于很多人说“你的研究生又来找你了”。他说要做一个经济型酒店的品牌,主要合伙人是何伯权先生,他说他的目标是用5年左右的时间在全国开1000家店。当时感觉有些吹牛啊——你一家实体店都没有,就要5年1000家!结果他做成了,就是大家熟悉的7天酒店品牌。他做7天品牌和其他人不一样,或者说颠覆了传统的商业模式。那时主流的饭店都讲究星级,一星到五星,得按照相应的标准建。这个标准的2003版是我执笔的,所以很清楚星级标准在酒店主流人群中的地位。我们习惯于按标准完成一个建筑物,有了产品、服务,再去做宣传、推广和销售。南雁和他的团队不这么想,他首先是研究消费者需要什么,特别是最核心的诉求是什么,最需要的就提供最好的,不需要的就不提供。当时我还是五星级酒店的星评员,有传统的思维定势,总寻思这样行不行啊。可是听完他完整的商业构想,我觉得他是对的,因为他真正抓住了客户的核心需求。以前客人住五星级酒店要的是个面子,加上社会商业服务体系不完善,多数需求只能在酒店完成。后来国民消费需求起来了,特别是80后的年轻人开始成为旅行住宿的主流人群,他们理性、务实,知道自己内心想要的东西。但是五星级酒店主要是瞄着“高大上”(高端、大气、上档次)去的,谁去关注这些80后的年轻人呢?不管是休闲、观光还是商务旅行,高星级住不起,低星级没法住,一个很大的客群被生生忽略了。7天站出来说,我给你个睡好觉的地方,记得当年的口号就叫“天天睡个好觉”。他靠几个核心产品就轻易地打动了客人:我有干净舒适的床,我有十秒之内——现在快到五秒钟——快速出热水的莲蓬头,有免费的WiFi,这对年轻人足够了。再后来,这家公司慢慢地从一家店开到一百家店,然后很快地到了一千家店,紧接着到了纽约证券交易所去敲了上市的钟声,别人还没反应过来呢,他又回来了——私有化了。这是我所了解的这个行业第一家私有化的中国公司。有人不理解,我说,南雁先生的心很大很大,可能是美国梦承载不了他对中国酒店行业的梦想,所以就回来了,继续做他包括今天发布的丽枫品牌在内的中端酒店梦。我每年会写一篇酒店产业的年度评论,今年就是受他的启发,选了《时尚开始了》作为标题。今天住酒店的年轻人,已经不仅仅满足于睡个好觉了,他还希望有情感的皈依,能找到归属感。为了满足这样一个归属感,在品牌创建过程中,南雁先生花了很大的精力,去请统计学家、艺术家,还有一些搞理工科和快消品的人来设计品牌。从去年八月份推出,到现在五十家酒店的签约,他又走了一条与传统酒店完全不同的品牌成长道路。事实证明,在很短的时间内,丽枫获得了两个市场的认同:一个市场是加盟商户的投资市场，还有一个刚才我看了材料，在珠海的第一家店，无论是艺龙、携程，还是 agoda 这样的酒店预订商都给予了非常好的评价，也就是说获得了中端消费市场的认可。所以我这次来，就是要与大家分享自己所看到的这样一个团队，这样一个传奇故事的发生、演变和成长的过程。

我也看见了一个旅游和旅行市场的繁荣。

早些年我们外出的时候，主要是因为公务、商务、务工、上学、看病等，很少有人说我什么事也没有，就跑到北京或者广州去转一圈、散散心。从 1999 年开始，第一个黄金周以后，老百姓外出的观光、休闲、度假的需求就越来越多。多到什么程度呢？去年我们 13.5 亿的人口基数，就有 32.6 亿人次的国内旅游，消费了 2.65 万亿，还有 9819 万人次到港澳台和国外去出境旅游，去年我们在海外花了 1286 亿美元，可见老百姓在旅游方面的消费潜力有多大。更重要的是，在酒店住宿的不仅仅是观光、休闲、度假的客人，还有其他旅行的客人。去年全国坐飞机、火车、轮船，在城际和城乡之间移动的人群是 600 亿人次，多么巨大的市场啊！现在全国大约有 14000 多家一星到五星级的店，其中五星级酒店 600 多家，32 万家旅游住宿机构，还有 150 万家农家乐。在中端市场上，年轻人现在需要的是“小确幸”——小而确切的幸福，房间里面可能有两个橘子给我，或者不一定要用 LV 的香水，让我用薰衣草的香水，这个薰衣草可能就是南雁牌的香水，大家也可能更高兴。这让我们感觉到，你是为我考虑的，更重要的是，你为我考虑的服务，是我能消费得起的。如果我们付不起这个费用，再好，与我何干？丽枫酒店的品牌定位既能让年轻的旅游者对酒店品质有真切的温暖感受，又能有触手可及的消费能力，实实在在抓住了中国旅游市场繁荣的历史机遇。酒店客房的均价约 300 元往上一些，低于 300 元肯定不行，因为低于 300 元就成了北京动物园批发市场里的东西，这个感觉就不对了。那么再稍稍高一点，够到优衣库，或者再往上走，走到 Zara 这种品牌的概念，老百姓够一够，就可以够到了价格，也摸到了品质。在这个过程中郑总和他的团队让丽枫酒店见证了旅游市场的繁荣,也抓住了旅游市场的机遇。

我还看见了中国梦在旅游市场的萌芽和生长。

我们都在说中国梦。在很多国际场合做演讲的时候,很多外国同行和媒体问我说中国梦和美国梦有什么不同。我们有官方的解释——中华民族的伟大复兴,两个一百年的梦想,但是我更愿意跟同传译员说,请你把"中国梦"一定不要翻译成"China's dream",而是翻译成"Chinese dream",因为我们民族的伟大复兴最终要体现在每一位国民身上。客观来讲,一个国家没有能力把卫星送到天上,不是一个强盛的国家,可是一个国家不能让经过一天奔波的年轻人枕着温柔的音乐去睡觉,这也不是一个幸福的国家。在这个过程中,有这么多人为了自己的梦想在大地上奔波行走的时候,我们应当,也可以给他应有的尊严。我们的父老兄弟居家也好,出门在外也罢,都需要过幸福的生活。所以我们常说,老百姓的旅游权利是中国梦的题中之义。2013 年 4 月,全国人大通过的第一部法律是《中华人民共和国旅游法》。我有幸参与了从 2009 年开始筹备,到 2013 年正式通过,整部法律的立法起草过程。在立法的过程中,我一直强调公民的旅游权利是旅游立法的根本宗旨和导向,不然就变成部门之间争权夺利的工具了。如何让每一个人工作得好、生活得好,就是要更好地发挥市场机制在资源配置中的作用。具体而言,就是让更多的郑总、张总他们走到前台,让年轻人用创业的梦想去照耀旅游的天空。事实上,在过去十年中,中国旅游产业的发展为 7 天、为郑总的团队提供了一个最好的创业舞台。我也代表千千万万的普通游客向丽枫的团队道一声"谢谢"。因为你们没有花国家一分钱,就解决了数万人的就业问题,解决了让数以亿计老百姓外出旅游可以有尊严、有品质地生活的问题。旅游是异地的生活方式,景观之上是生活,所以当南雁、张总遇到游客的时候,旅游的创业梦想开始闪耀了。在这样一个时代里面,能让老百姓得到确切的幸福,那就是和卫星上天一样伟大的事情!

在座的都是企业家,怎么做生意,大家比我更有判断、决策和执行的能力。

来到这里，只想告诉大家，我看见了一个企业成长的传奇，看见了一个旅游创业梦想的萌芽、成长与繁荣，也看见了中国梦正在由于年轻人的创业，由于新品牌的创设，而变得熠熠生辉。在今天这样一个美好的下午，我还很荣幸地看到了“枫和日丽”。

谢谢！

一路同行

——“在路上”2014年战略发布会专题演讲

（2014－05－08，北京）

尊敬的陈总，各位朋友：

大家下午好！

在过去的一天一夜里，我一直在路上。为了几场业内的活动，我马不停蹄地跑了3座城市。除了很少的休息时间外，几乎都是在阅读、思考、写作和演讲中度过的。虽然有些疲劳，但是一路上有酒店员工、机场地勤、空中乘务员和业界各位朋友的关照，倒是没有什么不适，相反，人在旅途，忙碌而充实，也有小小的成就感。

在过去的二十年里，我也一直在路上。从1995年读研究生算起，从教室走到图书馆，从图书馆走到学术报告厅，读书、听讲座、写论文；从安徽财经大学走到北京第二外国语学院，教书、调研、写作；从高校到研究院，也是一天到晚不停地在行走中思考、写作和演讲，努力为国民旅游权利的实现和旅游产业的繁荣鼓与呼。在这条旅游理论研究和政府智库建设的路上，有成就，有分享，可是也有很多是夜深人静时独自面对电脑屏幕的苦思与孤寂。

在过去的半生时间里，自己拥有更多在路上的记忆。从一个乡下的无知玩童到异地的求学少年，后来成了教授，做了专业智库的领导。在这个过程中，留在记忆中的多是与交通工具有关，有飞机、火车、汽车、三轮车，甚至牛车。今天早晨，我还看微信有人给我发青春岁月的老照片，有一张是在农村机耕路上的地排车，两个轱辘，一个带扶手的平板，父亲拉着，小孩子坐在车上。不知道大家有没有坐过啊？我是坐过的。在各种各样的交通工具转换的过程中，回想起来多是很孤单的。在成长的过程中，在为自己的未来而努力奋斗的过程中，说实话并没有太多的人可以帮助你。在路上，在旅途中，有时会有无力感和无助感，更不用说尊严与价值了。比如在车站里排了半天的队，却被人挤开了，或者好不容易排到窗口，售票员告诉你"卖完了"。比如到了目的地，人生地不熟，找个问路的人都找不到，地图也看不明白，半天找不到要去的地方。比如晚上要睡觉，好些的酒店太贵了，住不起，便宜些的，又实在没有安全感。好在那时年轻，一点儿一点儿地都走过来了。走到今天这样一个金碧辉煌的大厅里面，跟大家一起分享在路上的记忆。

我刚才看到我们年轻的陈伟总裁，跟很多熟悉的人在一起，拍肩、搭背、熊抱、话家常，感到特别地开心。是啊，人是社会关系的总和，更多志同道合的人走到一起，就不会孤单了。我们很欣喜地发现，现在已经有更多的兄弟姐妹走在旅游的路上。多年以来，我们对旅游的认识是与外国人联系在一起，与达官贵人联系在一起，与不得不要去出行的商务和事务联系在一起的。从 1999 年第一个国庆黄金周开始，国民大众的旅游和休闲活动越来越成为市场的基本面。2013 年，国内旅游的人次已经达到了创纪录的 32.6 亿人次，还有 9819 万的出境人次。刚才跟携程的郭东杰先生聊天的时候，我说其实我们还有更大的一个市场规模。就是城际和城乡之间旅行的人数，每年有 600 亿人次。在国际场合与同行交流的时候，我常常要为译员提前准备好主要的数据，因为市场基数太大了，翻译的时候很容易晕的。每当想起有这么多的同行者，我们在路上的时候就不再感到孤单了。

诚然，心理上的孤单感会减少，但是我们很多时候还是会感到很惶恐，很无助。在路上,特别是长途旅行,像徐霞客、李白、唐伯虎那样的名人可能会有很多人去帮他们解决吃饭、住宿的问题,甚至背行李、给盘缠,临走了还要劝君更尽一杯酒,再踏歌送行。多数情况下,普通的旅行者还是要自己解决买票的问题,吃饭的问题,看完美丽的风景之后,还需要自己去找个地方让自己好好地睡一觉。每当我们独自去解决这些问题的时候,往往如同自己从儿时,到少年,到青年的成长的路上,免不了惶恐和无助。俗话说,在家千日好,出门一日难啊!难怎么办呢?过去我们说"在家靠父母,出门靠朋友"。可是当我们越走越远的时候,又哪里有那么多的朋友可以依靠?最终还是得靠市场,靠千千万万与我们同行的旅行服务机构及其从业者。今天,我很开心地看到了有这么多的创业者愿意,也有能力提供可靠的服务,让我们可以不靠父母,也不靠朋友,也可以有尊严、有品质地行走在路上。

在路上的业界人群中,我看到有中青旅丁重阳先生这样的传统旅行社业的精英。需要说明的是,传统不是什么贬义词,传统意味着经典和成熟。他们以其专业智慧耐心周到地帮助行者解决旅游和旅行中各种各样的问题。我更关注陈伟、浦明辉这批"80后",甚至更年轻的旅行服务领域中的创业者,这批人员逐渐地在这个市场上帮助大家行走在路上。因为他们的创业与创新和大众旅游初级阶段的散客、自助和自主旅行的消费特征密切相关,为年轻一代的旅行者提供了物有所值的创新服务。和大家分享一组数据吧,今年的第一季度,旅行社组织、招徕的团队、包价游客,只占国内旅游市场的1.98%。而到达目的地,通过旅行社接待的方式完成全部旅游活动的人,只有2.1%。那么,96%的人群又是靠谁来去解决自己在路上的现实需求?应该是陈总,是明辉这批年轻的创业者,借助资本的力量,经由互联网、移动通信和大数据技术,为在路上的行者解决他们的安全、便捷、自由、温暖、尊严和价值的多重诉求。

从更为宏观的视角看,大家所做的工作不仅仅是解决个体意义上的行者在路上的基础需求,而且解决了一个国家、一个民族在转型与发展的进程中国民旅游权利的现实保障。我们这一代的人,以及父辈那一代人,可能过于关注于行走的本身了,不太会停下来去好好地享受生活。可是当80后、90后的年轻人慢慢成为社会主流的时候,我们发现变化来了。他们依然会有奋斗的精神,要不停地行走,但是他们同时也要享受生活,而且是有品质的生活。我从来不认同90后就是"没有责任感的一代"这种说法,肯定不是这样的。我们都是从年轻时过来的,我们过去有的品质,他们也一样会有,只是表现的方式不同罢了。我们会发现,越来越多的年轻人希望走出去,去看看不同的国家和地区,看一看那些从小在书本上就读到或者从大人口中听说过的风景和文化。我总觉得,一个国家,如果经济上、军事上和总体实力上,不能居于世界一流,那肯定不是一个强盛的国家;同时,如果不能让他的年轻人放心地、舒心地行走在路上,就谈不上是一个现代的、文明的、幸福的国家。从这个意义上讲,2013年颁布的《中华人民共和国旅游法》和《国民旅游休闲纲要》具有划时代的意义,国家旗帜鲜明地提出了国民的旅游权利,并明确了政府保障旅游权利的职责。

今天有这么多的年轻人在此集会,共商旅行服务创新和旅游产业未来发展的大计,在感到开心的同时,我也有理由相信,数以亿计、十亿计的,将来可能数以百亿人次的规模,在大地上自由行走的时候,将不再会感觉到孤寂和无助,而是有梦想、有尊严、有温暖,也有现实的商业支撑。我的信心来自于年轻的创业团队,来自于创业团队背后的资本要素、科技应用,以及理性务实的商业模式。年轻人正在改变旅游的世界,也是旅游产业的未来,大家有理想、有热情,更有责任心和担当的能力,这就很好。希望你们始终保持对国家旅游产业繁荣与发展的信心,始终以自己的才情与付出最大限度地去解决普通游客在路上的现实难题和核心诉求,始终与最大多数的大众旅游者在路上同行。

越来越多的国民行走在旅游的路上,越来越多的年轻人同行在旅游服务的路上。在这个浩浩荡荡的队伍中,我真切感受到旅游市场的生机,感受到了民族复兴的进程中国民大众的"中国梦"和"旅游梦",温暖与幸福真实地洒满路上的行程,也真切地感受到了旅游产业成长的未来。我和我的同事将会一如既往地在路上,与旅游者同行,与创业者同行。

让我们一起“在路上”、“淘在路上”!

谢谢!

旅游地产得围绕游客的生活需求而展开

——在国际旅游财富论坛上的主旨演讲

（2014－05－19）

各位业界同仁，媒体朋友们：

上午好！

这次会议的主题是“旅游与房地产”，为准备演讲，很是费了一番功夫。谈旅游还可以说两句，房地产则不是我的专业，真不知道该说什么。小时候很喜欢听一首《蜗牛与黄鹂鸟》的台湾民谣，特别是那句“蜗牛背着重重的壳呀，一步一步往上爬”。总是在想那个壳一定像童话里的宫殿，特温暖吧，不然小蜗牛怎么走到哪儿都带到哪儿呢？现在想来，如此温暖的感觉应是人们与生俱来的对安全感的渴望。哪怕再美好的旅程，也是需要身心得到无微不至的关爱与保护，特别是在非惯常的环境里，更是如此。无论是马斯诺的需求层次论，还是其他的社会学、经济学的研究成果都告诉我们，安全是人类最基础的需求。居家如此，出门更是如此。很小的时候，妈妈就告诉我们，在家千日好，出门一日难。之所以难，就是因为离开了自己熟悉的日常环境，外面的环境充满不确定性，在交通和资讯不便的过去，对漫长的行程和外面的世界缺乏稳定的预期。什么可以带给我们安全感呢？无非是那些基础的东西，比如晚上能够睡个好觉，一日三餐能够吃上可口的饭菜，奔波累了，有一个可以舒心休息的地方，所有这些需要都指向了建筑,或者说房子。这也是我想和各位分享的第一个观点:出门在外,请给我一个房子。这句话也可以表述为,房地产是旅游经济常态化发展的前提条件之一。

在相当长的时间里,无论是大众传播的场景里,还是在大学的专业教科书里,人们对旅游的认知和理解更多是景观,特别是那些与日常生活环境有着明显差异性的景观。人们谈论旅游时,首先想到的是长江、漓江、黄山、张家界、海洋等自然资源,长城、故宫、寒山寺等历史文化资源。事实上,各地的旅游规划和业态布局也主要是围绕景区和线路展开的,在入境、团队和包价主导的观光旅游阶段更是如此。当我们为美丽的风景和灿烂的文明而感动的同时,千万别忘了人们看完风景后做什么。到山东看了泰山,看了孔庙之后,很累了,我们想干什么呢?吃饭、洗澡、睡觉嘛。年轻人精力旺盛,晚上还会去唱唱歌、泡泡吧什么的,或者希望看看其他的东西,分享分享本地的文化。比如这个美好的夜晚,上海的年轻人在新天地晚上都干什么呢?我们过去谈文化是很高大上的,但是现在世俗化、民间化的东西越来越成为主体了。年轻人要喝咖啡,要听听壹周立波秀,或者要到24小时营业的书店去看书。这些活动绝大多数时候都是需要在建筑的空间完成的。大家想想旅游和房产能分得开吗?不能。在观光时候分不开,在休息的时候更加分不开。它们是自然的一个融合过程。可以说,从有旅游和旅行活动的那一天起,房地产业态就跟进切入了。当然,这里所说的房地产是广义的,不仅仅是指面向本地居民的住宅地产,还包括商业地产。在大众旅游正在从初级阶段向中高级阶段演化的今天,在观光基础上,休闲、度假、医疗、养生等旅游新需求已经趋于显化,旅游就更加需要与房地产业态融合发展了。

各位同仁,各位朋友:

对于游客来说,出门在外,他们需要的不仅是建筑意义上的房子,还有常态的生活。在以国民消费为主体的大众化旅游发展新阶段,散客、自主、自助越来越成为主流的旅行方式。这就产生了我们所说的两个“常态”:旅游日渐成为老百姓日常生活的常态化选项,游客在目的地越来越进入当地居民的常态化生活空间。一般而言,休闲度假旅游者在目的地待的时间会比观光旅游者长一些,所以对目的地的社区环境就会更加挑剔一些。旅游产品和其他产品最大的不同是前者以人到达目的地为前提,不仅是员工的行为构成产品的组成部分,客人的作用也是非常明显的。现在的年轻人为什么不愿意跟团游,除了行程不自由以外,还因为他们不知道团友的背景和生活习惯。可能你希望安静的时候,旁边的人大声吵嚷;你喜欢热闹,另外的人对热闹不感兴趣。这些都需要忍受。物以类聚,人以群分,我们得有意识地营造若干适合不同游客消费需求和生活习惯的社区环境,而不能拿一个模式复制出来的房子全世界去卖。

尽管与发达国家相比,我国度假旅游市场的真正成熟还需要时间,但是现有数据表明了度假旅游在中国已经具备现实的发展空间。世界旅游业发展的总体趋势是从以观光旅游为主逐渐走向以休闲、度假旅游为主。国务院最早于1992年提出旅游度假区概念,指出国家旅游度假区是符合国际度假旅游的要求,以接待海外游客为主的综合性服务区。客观地讲,当时的度假需求主体并非国民大众,而是以吸引海外游客为目标。近十年来,我国国民经济的快速发展,人们收入水平普遍快速提高,中产阶级群体日渐庞大,不满足于观光体验的成熟旅游者群体对度假旅游产品的需求应运而生,度假旅游的市场必将越来越大。在市场需求不断累积的同时,度假旅游产品供给日渐丰富。无论是旅游资源开发、旅游配套设施完善,还是地方政府的行政力量,都直接推动各地各类度假旅游产品日益丰富,从最早的山地避暑、滨海度假,发展到环城、温泉、山地、森林、草原、水滨、冰雪、民俗等多种类型。2010年国务院颁布《国民旅游休闲纲要》,从国家层面引导公民带薪休假的逐步普及,为释放度假旅游市场需求提供了有力的政策支持。国家旅游局正在主导的国家级旅游度假区建设,对旅游产业合理布局、引导旅游消费升级具有积极的政策意义。正是有了老百姓的日常生活需求,有了国家的政策鼓励,我们有理由对包括度假旅游的发展前景保持乐观预期。

有了社区,游客还想要生活,异地的、短期的、有品质并且可以享受得起的生活。现在旅游地产很热,但是很多项目都是打着旅游的名义,开发住宅地产项目。个别的主题公园干脆就是房地产项目的大型售楼处,做些秀场去吸引购房者前来,而一些酒店项目本质上也不过是住宅小区的大型会所罢了。事实上,旅游社区应该如何建设和运营是个很专业,也是挑战性很大的现实问题。我们常说:庙好盖,和尚难请。其实更难的是有没有香客常来。房子盖出来需要运营,也需要成本,你一个社区设计的是住 10 万人却只住进去 3 万人,加上度假地的季节性,社区生活的氛围营造不起来,很多建好的资源都被闲置了。更重要的是,当地政府为此配套的基础设施和公共服务已经成为固化成本,谁来买单?很多地方就是以牺牲度假地的长期可持续发展,甚至牺牲当地老百姓的经济利益和社会发展为代价的。

各位同仁,各位朋友,

在旅游日渐成为老百姓常态化生活的今天,我希望旅游和房地产业界在开发度假地产项目的过程中,更加尊重历史、尊重自然、尊重生活、尊重旅游经济运行的客观规律。旅游房地产的开发必须是以满足度假旅游需求而非概念炒作为前提,尤其不能是地方政府与地产商合谋去搞什么政绩工程、商业炒作、政策规避等非发展旅游的目的。度假旅游、旅游地产不能简单地与“高端”画等号,只有重视更广泛的旅游消费群体,以可持续的发展原则去开发度假旅游市场和旅游地产项目,才可能健康发展下去。当前我国旅游业正处于大众旅游发展阶段,这一时期我国旅游市场的整体特征是大基数、稳增长、低消费,以及消费模式的快速变化,特别是观光旅游在相当长一段时期内仍是国内旅游市场需求的主体。即使在国内旅游人次连续十年来保持两位数增长并已在 2013 年达到 32.6 亿的情况下,中国仍有数以亿计的老百姓还未曾离开过自己惯常的生活环境到外面走一走、看一看。从最近的数据来看，中国旅游研究院在全国60个重点旅游城市就今年“五一”期间城镇居民的出游意愿进行调查，中低端住宿是大众旅游的首选，以经济型酒店为住宿选项的接近50%，选择四星级及以上豪华酒店的仅占11%。所以说，观光旅游在相当长的时间里都将是我国旅游市场的基本面。

对于休闲度假目的地来说，如果缺乏有吸引力的观光资源，只是单纯要游客在某个地方发呆，我看也是不可能真正发展起来的。在度假旅游和旅游地产的发展过程中，一厢情愿地拉高消费需求，一定要说“海天盛宴”是我们中国旅游的主流消费，很可能会栽跟头。我不是说没有这样的高端需求，确实有一部分游客有豪华游艇、私人飞机这样的需求，但肯定不是市场的基本面。一会儿山东省旅游局的于冲局长会谈仙境海岸的打造问题，山东有这样的条件，但是不能说有海有岸的地方都可以打造成仙境海岸，除了自然资源，还要看历史文脉，看当地有没有这样的市场需求。在做产业规划和项目布局的时候，决策强调资源的独特性固然重要，但是对客源的分析更加重要。为什么长三角和珠三角地区可以发展成为观光、休闲和度假为一体的旅游目的地，因为那些地方有山、有水、有生活啊！很多时候，老百姓的寻常生活就是最好的旅游宣传。武汉的著名作家方方和池莉，她们写武汉的市井生活和社会变迁，常常让读者心向往之。你能说我到武汉休息三天，逛逛积庆街，吃吃热干面就不叫休闲度假？当然，你非要说只有在沙漠里探险，在海边发呆才叫度假，我也没有办法。

我希望有话语权的专家学者，有投资能力的企业家，都能够有更多的社会责任感，就是把一个真实的旅游产业和房地产业告诉给地方领导，把一个适合老百姓生活，可以享受得起的风景提供给市场。中央新型城镇化的文件提出“看得见山，望得见水，记得起乡愁”，很有诗意的提法，对度假旅游地产的开发有着很强的现实指导意义。具体旅游发展实践中，我更关心有没有生活，有没有品质，能不能够享受得起。近期在为一些酒店集团作关于品牌创设的演讲中,我会举优衣库、ZARA 等快速消费品领域的品牌案例。它们的共同点是既有点时尚,又可以买得起,这就很好啊！在旅游创业家群体中有一句话叫“得屌丝者得天下”,有点儿新潮,但很有道理。那些看起来“高大上”的五星级酒店,还有高尔夫球场,高端旅游综合体,有几个赚钱的?反而那些旗帜鲜明地定位于大众旅游市场的经济型酒店、旅游演艺、海洋公园,个个都赚得盆满钵满,当地人也在物业租金、物流、餐饮供应和就业等方面获益了。

威尼斯双年展是美术界最大的国际盛事,1995 年恰逢双年展的 100 周年纪念。日本建筑学家,也是建筑师的畏研吾先生在他的《负建筑》一书中记录了日本馆的景象主题是“给我一个家,让我看电视”。反映了大灾之后的日本人首先期待的是构建一个空间(给我一个家),其次是希望通过景象,以具体的视觉形式及时了解外部的信息(让我看电视)。

很荣幸能够获得组委会的邀请,让我有机会与大家分享我的旅游地产观:出门在外,请给我一个房子,让我看得见风景,让我享受日常生活的温暖。只要我们的发展方向是满足大多数旅游者的主流消费意愿,只要度假旅游地产项目能够让老百姓可以看得见风景,摸得着生活,小康社会的旅游梦想,就会在不远的地方向我们招手。

谢谢!

当时尚生活遇见现代商业

——在万达国际旅游经济高峰论坛上的主旨演讲

（2014－06－07，武汉）

各位业界同仁，媒体朋友们：

下午好！

昨天晚上的航班晚点，落武汉已是深夜了，拖着行李步入到达大厅后，尚雯婕小姐代言的那幅很抢眼的招贴画吸引了我的目光：哇，武汉还有这么时尚的东西啊！当即用手机扫下二维码，进入“武汉中央文化区”的微信公众号，回顾了它自2013年12月6日以来的所有历史消息，从商会、世界经济到旅游经济的高端论坛，到男神、女神到儿童节的欢萌，从“在武汉，想陪你去做的100件事”“舌尖上的汉街”到“微信狂欢节”和“汉街大戏台”，给我的感觉确如公众号所说的那样：万爷给武汉带来了高端、大气和时尚，并刷新我对武汉的两组固有的印象。

作为一名旅游学者，我曾经多次到访这座城市。总的感觉是一座非常有历史感和大气感的城市：人鹤已去楼恒在、龟蛇锁大江、辛亥革命、王气东湖、武汉大学等。武汉人也为这些大气的山水和深厚的历史而自豪，以至于主推的旅游形象也是霸气外露的“大江大河大武汉”。同时，武汉还是一座极富市民气息的城市：闻名海内外的商业和餐饮商圈——汉正街、吉庆街、江汉路，承载世代生活印迹的五福路、六合路、七里庙、八铺街、九里墩、十里铺、百步亭,还有方方、池莉小说中那些呼之欲出的街坊邻居们。正是这些日常生活的场景和“小确幸”让更多的外地人愿意来到这里,也让原住和长住的武汉人共同分享这些触手可及的温暖。没有前面的“大”,武汉立不起来;没有后面的“小”,武汉动不起来。对于生于斯、长于斯的武汉人如此,对于异国他乡的旅游者也是如此。

今天,我国旅游经济运行已经进入了以国民消费为主体的大众化发展新阶段。这个阶段的特征可以用“常态”两字来概括。从需求面来看,旅游已经成为老百姓常态化的生活选项。2013 年,32.6 亿的国内旅游人次创造了 2.65 万亿的消费额,另外还有 9819 万的出境人次在海外花费了 1286 亿美元。在《旅游法》《国民旅游休闲纲要》、中国旅游日、智慧旅游年等相关法律法规、政策文件和行政行为的促进下,我们有理由相信旅游业将保持快于经济社会发展的速度持续增长。从消费特征看,游客到了旅游目的地,特别是像武汉这样的大城市,不仅仅要观山看水,更要体验生活,走进普通市民的常态化休闲空间去分享他们的品质与幸福,偶尔也会与本地市民一样遭遇天气、交通等让人添堵的日常心情。事实上,中国旅游研究院 2009 年以来连续发布的全国游客满意度调查报告越来越证明了这样的事实,年轻人已经成为消费主体,追求“我的行程我做主”的散客化、自由行已经成为主流的消费方式,游客的满意与认可更多取决于目的地的生活环境的总和,而不仅是狭义的旅游景点和封闭的团队接待体系。在绝大多数情况下,他们既需要山水景观的差异性,也需要生活环境的相似性,更需要基于文化创意和现代科技的娱乐空间,让游客能够实实在在感受时尚的气息。

那么谁来满足老百姓增长的日常旅游休闲需求,还有对时尚的追求呢?是市场,是市场主体,是创业、创新和创意驱动的市场主体。美国的迪斯尼、德国的途易、法国的雅高、韩国的乐天、日本的虹夕诺雅等全球知名的文化旅游企业及其旗下的项目就是这样的主体,也是我国旅游投资和产业创新需要学习和借鉴的标杆。在旅游业发展的过去三十多年里,从主题公园到星级酒店,从区域规划到项目策划,我们也是一直在向他们学习。但是在国民消费为主体,青年消费为主导的今天,在本土品牌稳居经济型酒店和线上旅行服务业竞争优势地位的今天,中国旅游业正在迎来自主研发和品牌创设的新时代。

各位同仁,朋友们:

正是基于对旅游市场和产业发展的判断,加上对万达集团的深入了解,我在今年春天做出了"万达文化旅游城是旅游业创新发展的典范"这一判断。这次来,听取了中央文化区的项目介绍,收集了市场的反映,更加坚定了之前的判断。

中央文化区是对时尚生活需求的现实呼应。尽管观光是当前和今后三十年旅游市场的主体需求,仅仅依托本地居民的生活空间就能够提供游客所需要的绝大多数休闲活动,但是我们不得不承认必须要有带有市场引领性的创新产品,才能有效扩大旅游观光的人流量,才能有效提升休闲消费市场规模。万达整合世界一流的创意、科技和商业团队所打造的汉秀和电影乐园项目,正是在"大"和"小"两组传统意象基础上做出的时尚休闲增量。有了这些项目,春天看了武大的樱,夏天赏了东湖的荷,白天登了黄鹤楼,晚上在吉庆街吃了消夜以外,游客才会感觉到武汉不仅是自然的,也是人文的;不仅是历史的,也是现代的;不仅是生活的,也是时尚的。而基于历史传承的创新,基于生活的时尚,正是世界一流城市旅游繁荣的共同特征。

中央文化区是对现代商业模式的创新组合。无论是从宏观的大数据,还是微观的具体感受,我想不用很专业的研究,人们都可以得出投资和发展旅游业处于战略机遇期的结论。问题是如何把潜在的市场需求变成现实的商业实践呢?常见的做法是开发景区收门票,建豪华酒店获得现金流,盯着高端人群买邮轮游艇,可是旅游市场是淡旺季的波动,景区门票和高消费已经开始受到政策的限制和约束,特别是传统的酒店运营商业链条很长,设计、管理、品牌、渠道拿走各自的专业回报以后,留给业主的利润空间就很有限了。中央文化区把市场建立在外来游客和本地市民的双重需求基础上,通过演艺、乐园、酒店、餐饮、购物、办公等多种业态的组合实现了旅游休闲的范围经济。具体到酒店领域,则采取了与主流的延伸产业链相反的商业模式,并引入了途家这样的新锐企业负责市场和运维工作,从而有效保证了投资回报。

中央文化区是武汉的,也是中国的,更是世界的。如果说无锡万达是盯着上海迪斯尼去的,那么武汉万达应当是盯着美国本土去的。以武汉的城市体量、消费潜力和万达团队的商业素质、市场能力,这个判断应当说是不证自明的了。

当时尚生活遇见现代商业,除了期待和见证,我们还能做些什么呢?那就一起参与到这个价值创造的过程中去吧!

智慧旅游：技术、青年与时代

——在第二届台湾两岸智慧旅游产业高峰论坛上的主旨演讲

(2014－06－11，台北)

各位先进，各位同仁：

早上好！

六月份谈论与世界杯不相关的主题是需要不惮被人视为OUT的勇气的，好在世界杯四年才一次，而旅游与旅行则是全球第一大产业，也是我们每天都要面对的生活。近年来，两岸旅游市场已经逐渐成长为世界旅游经济的引擎，“智慧旅游年”的提出则预示着消费模式和产业创新正在发生革命性的变革。在这一背景下，业界精英在此隆重集会，凝聚产业共识，寻找合作发展的道路，应是具有不言自喻的现实意义。

从大陆这些年的发展实践来看，智慧旅游的背后是移动互联网、云计算服务和大数据的支撑，是当代科技和商业模式创新在旅游领域中首次大规模地应用。关于智慧旅游，已经有太多的理论阐释和技术定义。理论是灰色的，而实践之树常青，智慧旅游也不例外，它首先是实践推动的结果。让我们先来看一个现实中的旅行案例吧。一位自称“铁杆P民”(APP发烧友)的朋友通过微信分享了移动互联网带给他的旅行便利。确定出行前五天，通过“高铁管家”订好了从合肥到北京的高铁票(到车站可以免费领取一瓶矿泉水);从住处出发到火车站,用"滴滴打车"叫了出租车,尽管已经停止了对乘客的补贴,但是可以扫"支付宝"钱包,付10元赠5元;在火车上用"去哪儿"搜索并预定了晚上入住的酒店;路途上无聊可以干N多的事情,用"优酷"看视频(提前缓存的,不然流量会烧得人心疼),在"微信"上与朋友们一起"天天爱消除",当然更可以听"QQ音乐"或者"懒人听书";到北京下车后,用"百度地图"输入酒店的名称,根据语音提示步行到附近的酒店;晚餐的时间到了,用"淘点点"、"客如云"搜索预订了附近的美食;餐后回到房间,扫一下二维码,把手机变成电视、音响、灯光、窗帘等设施设备的统一遥控器,开始享受一个温暖的晚上。

这位朋友的旅行经历决非典型的个案。事实上,受益于当代科技创新和越来越广泛的商业应用,以及市场竞争带来的价格下降,基于互联网的生活和旅行方式正在成为主流,以至于有人要在马斯洛需求层次的最底层再增加一项"WiFi"。就在20世纪90年代初期,走在北京中关村街头的人们还会疑惑地看着一块大标牌:"中国人离信息高速公路还有多远?向北1500米。"在路的尽头,是传说中的可以上互联网的公司所在地。很快,到了1994年,中国互联网全功能就接入全球互联网了,地球成了村庄,世界变平了。2013年,大陆有6亿网民,仅仅在线旅游交易额就达到了2181.2亿元人民币。截止到2014年第一季度末,核心旅行服务企业移动端的累计下载量分别为:去哪儿网20000万、携程旅行网12000万、艺龙旅行网6000万、同程网3500万。现在回想起20世纪90年代初期,我在安徽财经大学花费了数千元的初装费,还要请客送礼,好不容易才拥有一部固定电话机,不由顿生恍若隔世之感。从历史进程和社会环境来看,正是科技进步和市场竞争,特别是"开放、协作、分享"的互联网精神,而不是表面的商业应用构成了智慧旅游的基础支撑。让我们做一个简单的思想试验,如果没有移动通信、没有互联网、没有大数据,没有这些年的信息化工程的基础架构,我们依然只能"在家靠父母,出门靠朋友",或者有钱的靠旅行社,有权的靠政务接待；如果电信服务提供商还是只有政企合一的邮电局一家，如果航空公司仍然只有中国民航一家，如果酒店还是国有企事业单位一统天下……那么就是有再先进的技术又与普通国民有什么关系呢？

科技的背后是青年，是以“80后”、“90后”为代表的年轻群体，新型的价值观和生活方式正在改变旅游的世界。我总觉得2001年是一个有历史意义的年份，那一年，中国正式成为世界贸易组织的成员国，融入了世界经济体系；那一年，1980年前后出生的年轻人——他们是第一代“互联网原住民”——大学毕业，开始以独立的姿态在社会上发出声音；那一年，经历了5个“黄金周”洗礼的国民逐渐成为旅游消费的主体。自那时起，大众、自助、散客成为观察和研究中国旅游市场绕不过去的关键词，也标志着旅游消费领域民主化进程的到来。这个进程又是与青年人强调自主选择的价值主张有关。大家可能知道大陆有一位登上了美国《时代》周刊的流行歌手叫李宇春，她是第一位通过地方台的电视选秀节目《超级女声》，经由观众民主投票选出的明星歌手。直到今天，歌曲、舞蹈、喜剧、相声、记忆、成语典故类选秀节目依然是各大电视台和网站的看家栏目。从专业的角度看，与音乐学院、戏曲学院、电影学院以及国家级的文化机构推出的艺术家相比，他们的水准特别是综合素质和专业能力可能并不算最好的，为什么会吸引如此众多的粉丝呢？那是因为他们的地位和声誉不是由某个权威给予的，而是由年轻人自下而上民主推选出来的，“我的偶像我做主”。在市场经济主导和市民生活主导的商业社会里，“高大上”的国家意志依然是主流话语体系，但是“小确幸”的民众生活越来越能够打动人心。

其实，现实的生活和工作又何尝不是如此呢？前段时间，《人民日报》批评年轻一代的职场观：今年高校毕业生727万，被称“更难就业季”。但作为绝对主力的“90后”，求职却并不着急。有用人单位表示，面试爽约、offer跳票率高，有些入职后也因失恋、伙食差、厕所有味道、想去旅行，甚至前台女生不好看就辞职了。对此，我曾经在微博上弱弱地评价：成长是一个自然的过程，它不会按照我们过去的习惯成长,也不会不成长。很多时候,作为成年人,我们似乎忘记了自己也是从年轻时过来的。我很喜欢龙应台女士的文章,她在《十七岁》里写她去机场接儿子,天下着雨。“我递过一把为他预备的伞,被他拒绝”。“这么小的雨。”“会感冒的。”“不要。”几句简单之极的对话让她失神了:自己十七岁时,曾经多么强烈憎恶妈妈坚持递过来的雨伞。这种年轻人追求的自由、自主取向的价值观和自然、自助的生活方式投射在旅游休闲活动中,就是“我的行程我做主”。今年的第一季度,大陆游客在境内旅游时,在客源地报名参加旅游团的比例只有1.98%,在目的地跟团旅游者的比例只有2%。换句话说,高达96%的境内旅游选择了自由行,在35岁以下的年轻人群体中,这个比例会更高。由此视角,我们可以透过智慧旅游的现实看见不同于传统价值观和生活方式的青年正在登上历史的舞台。

青年的背后是时代、是中国梦、是国民大众包括旅游在内的幸福生活梦想。伴随着改革开放,大陆旅游业开始了市场化和商业化的历史进程。那时我们对旅游业的认识是外国人和台港澳同胞入境旅游,自己只是资源和服务的提供者罢了。1999年十月份第一个“国庆黄金周”,国民大众逐渐成为旅游消费的市场主体,到了2009年开始进入大众旅游发展的初级阶段。2013年,中国大陆的境内旅游市场人次高达32.6亿,消费了2.65万亿元人民币;出境旅游9819万人次,海外消费1286亿美元;入境旅游1.29亿人次,境内消费515亿美元。正是看到了旅游作为终端消费和增量消费,可以拉动经济增长和就业,各地政府和社会各界发展旅游的积极性持续高涨,到处都在开发景区,搞旅游演艺,与旅行社联合起来收门票。政策设计基本框架是一方面鼓励国民大众的旅游消费,另一方面鼓励各地开发资源,扩大旅游供给,甚至是超过市场需求基本面的高端业态。

现在,包括出境旅游在内的旅游已经成为老百姓常态化的生活方式,2013年实施的《旅游法》和《国民旅游休闲纲要》充分表明,作为国民权利的旅游活动已经进入了国家战略体系，并且受到法律的保护，2020年要基本落实职工的带薪休假权利。值得关注的是，我们是在2009年开始出现旅游服务贸易逆差并持续扩大的背景下出台这些法律法规的。从“以阶级斗争为纲”到“以经济建设为中心”，到“中国梦”，再到“旅游是人民群众生活水平提升的重要指标”（习近平，2013），意味着新时期治国理念开始兼顾国家强盛和人民幸福，也意味着我们对旅游的认识正在从单纯的经济属性转向兼顾经济属性和社会属性。具体而言，就是两个发展理念：在境内强调“更多的国民参与，更高的品质分享”；在国际上则是“让人类在大地上更自由、更有尊严地行走”。

现实与理想还有很大的差距，中国旅游研究院连续多年发布的全国游客满意度和出境旅游满意度两份调查报告表明，旅游服务品质距离游客满意还有很大的提升空间。由于旅游者特别是散客已经不仅局限于传统的景区观光，而是广泛介入到目的地居民的常态化生活环境，空气污染、景区门票价格居高不下、公共服务不到位甚至城管驱赶小商贩都会引发游客的不满。《旅游法》全文共一百一十条，为什么第三十五条反响最大？大家对团队行程中普遍存在的强迫消费、欺诈购物忍无可忍了嘛！那么，靠什么保障国民的旅游权利呢？靠法律、靠政府、靠市场，但是在微观的层面上主要是靠每一个人旅游的智慧，靠技术创新和商业创新在具体的行程中帮助游客抓住他们触手可及的温暖。与工业化的生产组织不同，与强调集体行动的国家行为不同，旅游，特别是智慧旅游努力让每一位国民为自己的选择而负责，每一个人都可以通过商业机构和自助行为在日常生活中获得小而确切的幸福。事实上，承认个体追求幸福生活的权利，进而承认个体有权利自由选择多元化的商业服务，才是“中国梦”（Chinese Dream）的划时代意义之所在。这是因为我们在继续为了国家富强和民族复兴的伟大梦想而努力的同时，也开始接受旅游和休闲，理直气壮地追求属于个体的品质生活和幸福感受，这意味着距离普世意义上的文明更加接近了。

各位先生，各位同仁：

在看到智慧旅游背后的时代背景和历史意义的同时,我们还需要着眼于当下,在市场拓展、资源开发和商业服务等实践层面理性务实推进两岸智慧旅游可持续发展。

我期待两岸人员更加自由地往来,期待智慧旅游市场规模的扩大,也期待两岸业界深化包括投资在内的商业合作。大陆正处于持续而快速的城镇化进程,从1978年到2013年,城市人口从1.7亿增长到7.4亿,城市数量从193座增加到658座,建制镇从2173个增加到20113个。预计到2020年,城市化率会达到60%以上,到2030年接近70%。2014年的《政府工作报告》提出的主要指标增加了一项,即"努力实现居民收入与经济发展同步"。根据《2000—2020年国家信息化发展战略》,到2020年将实现工业化与信息化的全面融合,国民信息技术的应用能力显著提高。前所未有的城镇人口所带来的消费增量,加上与世界基本同步的信息化水平,预示着巨大的旅游休闲消费规模和智慧旅游创新空间。从数据来看,海峡两岸加上香港和澳门,我们已经拥有全球最大的智慧旅游市场基础。自2008年7月4日大陆居民赴台旅游正式启动以来,在相关机构和作业部门的共同努力下,两岸旅游交流,特别是人员往来规模稳步增长,并取得了巨大成就。2010年7月实现所有省、自治区和直辖市开放赴台旅游,2011年6月28日,大陆居民赴台个人游宣布启动。2013年,两岸双向互访的游客共有808.14万人次,其中大陆赴台游客291.89万人次,已经形成了百亿美元级的旅游消费规模。在《海峡两岸经济合作框架协议》(ECFA)及其后续的若干经贸合作协议促进下,两岸旅游交流合作到了促进产业融合和相互开放旅游要素市场的关键时刻。政策促进部门和旅游业界要顺应市场发展大势,进一步扩大两岸"自由行"的政策空间,进一步优化面向散客的商业接待体系和公共服务体系,稳步提升游客满意度,进一步扩大包括相互投资、技术平台建设与服务创新共享在内的产业合作。

我期待在理性成长的智慧旅游体系建设中,青年有更多的责任与担当。无论是消费需求变迁,还是技术应用和商业模式创新,青年都是智慧旅游的主导力量。从早期的携程、艺龙、同程,到近期的去哪儿、途牛,再到今天的蚂蜂窝、世界邦、在路上、穷游、航班管家,充满激情的青年群体一直都是智慧旅游的创业主体,正是由于梁建章、庄辰超、吴志祥、于敦德、浦明辉等一批又一批年轻创业者的努力,才使得"创业照耀旅游的星空"。目前,这些创业和创新活动主要集中于旅游目的地的信息整合、旅游攻略、航空、酒店和景区门票预订等渠道和销售领域。相对而言,酒店设计、品牌研发、地面交通、博物馆、公共安全、旅游救援、旅游者权益保护等目的地商业服务体系和公共服务体系建设还有很多智慧旅游发挥作用的空间。在依托技术创新和商业应用的同时,如何与文化创意相结合,如何适应养老、医疗、修学等新兴旅游休闲需求,从而把智慧旅游带入一个新的历史阶段,是青年人的历史责任。"历史和现实都告诉我们,青年一代有理想、有担当,国家就有前途,民族就有希望,实现中华民族伟大复兴就有源源不断的强大力量"(习近平,2013)。

需要指出的是,围绕智慧旅游的创业和创新是非常理性的市场行为,也是非常务实的商业活动,所以仅仅有理想和激情是不够的,年轻人要有直面风险甚至失败的勇气,更要在商业实践中持续提升自己的综合素质和专业能力,做阳光下的生意,为国民大众的旅游权利和旅行福祉而努力。两岸的年轻人,特别是创业者和企业家要多交流,相互学习,相互借鉴,共同发展。比如这次来台北,我和我的同事要去雄狮、易飞和易游等若干先进企业学习。在我的印象中,这里年轻人的文化创意与科技应用是紧密联系在一起的,有很多值得大陆创业者和企业家学习的地方。可不可以在这次会议的基础上,推动成立"两岸旅游创业联盟"、"两岸智慧旅游协同发展中心"这样跨区域、跨部门、跨业界的平台,以形成常态化的合作机制呢?我看既有必要性,也有可行性。

我期待在智慧旅游的市场化进程中,国家和社会能够给予商业创新者更多的宽容。我们一方面为年轻人正在改变旅游的世界而激动不已,另一方面也清楚地知道不是所有的创业都会成功,不是所有的创新都能够被市场所接受,这就需要一个鼓励创新、宽容失败的社会环境。在一个经济转型和社会变革的时代,所有的创业和创新都应该受到鼓励,就是失败了也应该得到应有的尊重。现在智慧旅游的快速发展,使得"焦虑"几乎成为旅游业界的年度热词。做团队、包价旅游起家的旅行社在焦虑,担心跟不上时代的发展,担心失去日益增长的市场;年轻的创业者群体也在焦虑啊!他们担心会被同时起步的创业者挤下去,担心会被那些拥有资源、经验和影响力的"大叔"们击败,担心政府可能会以监管的名义设置障碍或者寻租,总之无时无刻不在担心自己会倒在通往成功的路上。在这一时代背景下,"干货"被赋予了全新的含义:别跟我说是什么、为什么之类的高头讲章,就跟我说怎么干吧。应当说,在市场经济和商业社会里,创业和创新者的焦虑感和竞争压力是常态。可是我们也必须清醒地认识到,没有理想和信仰支撑的商业将会变成单纯为了赚钱的生意经,没有理论和战略指导的实践也是走不远的。走在创业路上的青年、努力创新的企业家是旅游产业进步和社会发展体系中最为稀缺的资源,在珍惜、鼓励和宽容的同时,国家、社会以及我们在座的每一个人还应当做得更多一些,为智慧旅游的创业者和实践者提供尽可能多的指导与帮助。

我愿意与智慧旅游、与创业者、与年轻人在一起,在路上,与时代同行。

谢谢!

面向大众的精致与优雅

——在首届中国精品酒店论坛上的主旨演讲

(2014－08－02,厦门)

各位同仁,各位朋友:

上午好!

值此炎热而喧嚣的仲夏,我们来到精致而优雅的岛城厦门,聚集在绿草茵茵的海悦山庄,共同探讨精品酒店的概念、投资、设计、经营和服务等主题,并希望能够就这一富有生机和活力的业态在大众旅游时代的意义与发展思路达成广泛的共识。作为本次论坛的发起人和组织者,我和我的同事更愿意倾听来自酒店业界一线的声音,也愿意分享国家旅游智库的思想。

精品是酒店业界对大众旅游和国民休闲的时代信心。伴随入境旅游的发展,酒店业快速实现了从传统的招待所向现代酒店的转型。在地方政绩和形象思维的导向下,越来越多的高端和奢华酒店以非商业理性的姿态得以面世。在不用自己花钱,不用计较成本的公务消费的支撑下,越来越多的五星级、超五星级酒店面世了,整个产业陷入了争相斗富的格局,仿佛《世说新语》一些桥段的真实再现。事实上,由于缺乏中产阶级的主流消费基础,以及员工群体的职业兴趣和综合素质的缺位,使得酒店品质不可能具有内生的动力保障。消费需求和产业供给基本面双重缺位的结果就是多数高端酒店,其主客双方都在"装":

客人假装是精英、权贵、绅士和淑女,主人也假装是在上等人家见过大世面的。"八项规定"、"六项禁令"的新政一来,所有的"装"都现出了原形。在集体叹息声中,传统的酒店似乎又走向另外一个极端,就是粗鄙化,甚至连基本的操作流程和服务标准都突破了专业底线。在这样的背景下,我们提出了精品的概念,打出了创新的旗帜,是因为酒店产业的中坚群体对大众旅游和国民休闲市场充满信心。我们的信心来自于国民大众持续增长的旅游需求。2013 年,1.2 亿人次的团队游客、31.4 亿人次的散客,还有近 600 亿人次的旅行者构成了全球最大的旅游市场。从 2014 年上半年旅游经济运行情况来看,市场需求面仍然保持着两位数的增长。经济增长、居民收入增加、带薪休假制度的基本落实,以及《旅游法》和国务院《关于促进旅游业改革与发展的若干意见》等政策效应的显现,让我们有理由相信未来十年仍将是中国旅游业的黄金发展期。显而易见,以中等收入阶层和青年白领为代表的主流消费群体正在重构中高端酒店的内生性市场基础。我们的信心还来自于大批受过高等教育和专业训练,有知识、有理想、有激情的年轻人进入了酒店业。他们对酒店品质的理解不再只是发展中国家的现代化想象,而是来自于系统的理性认知和丰富的生活阅历。特别是经济型酒店过去十余年的创新、竞争与发展,以及近年来中端领域的品牌创设,积累了一批对市场高度敏感的企业家群体。值此市场与产业的双重转型与变革之际,我们提倡精品的理念,不是梦想复辟少数人享有品质的旧时光,不是对欧美发达国家酒店潮流的简单模仿,更不是标新立异的狂想,而是对小康社会中国梦的时代信心,是对追梦、创业与创新的年轻人的信心。

精品是民众对休闲生活和品质旅游的美好向往。在旅游成为人民生活的重要组成部分的今天,对美好异地生活的向往,是旅游住宿业发展的动力,也是创业和创新的方向。看着《小时代》,听着《好声音》长大的"90 后"一代消费者,已经不再满足"干净的床、热水沐浴、快速接入的 WiFi"了,他们希望有更多的消费体验,希望在住宿中有更多的心理体验和情感投射,包括历史文化,当代生活，以及群体的交流与分享。作为第一代互联网原住民的“80 后”一代，已经开始集体“老去”了。“老”，意味着青春不再，张扬不再，也意味着消费能力的积淀，意味着“高大上”（网络语言：高端大气上档次）的中产阶层价值观和生活方式逐渐取代“屌丝”们对“小确幸”（网络语言：小而确切的幸福）的初始诉求。当消费需求的升级遇上了资本、技术和知识驱动的创业群体，还有什么样的商业传奇不可以被创造出来呢？季琦、郑南雁等企业家群体以“多数旅行者的核心需求”为切入点，在带领如家、7 天、汉庭、锦江之星等经济型品牌走向成功的同时，也重新定义了酒店作为旅游住宿业的本质。如今，他们正在与吴海、朱晖、史央清、王海军等更为年轻的企业家一道，用全新的丽枫、全季、和颐、桔子、布丁、亚朵等充满时尚元素和设计感的酒店品牌，去满足旅游旅行者对住宿品质和美好生活的现实追求。我还关注到张杰的大别山文化养生产业园项目，顾翔的林氏府项目、刘少军的皇家驿站项目，以及散落在厦门鼓浪屿、成都宽窄巷子、杭州西溪、桐乡乌镇、婺源篁岭、北京怀柔等地承载历史记忆和当代生活的独立品牌，他们在现代化的进程中，在工业化的商场上，以小众的姿态和精致的品质特立独行，悄然培育着精品酒店的粉丝，持续扩大精品酒店的市场声誉。

精品是中国酒店人与世界的对话。2013 年底，曾经有机会访问布宜诺斯艾利斯不远处的“老虎滩”，拉普拉塔河三角洲流域以河流和湿地闻名的一处旅游胜地，美好的一天是在两名文艺青年的花园里度过的。是的，占地数百亩的花园就是他们的家，有浓郁艺术气息的住宅、有酒店功能的待客空间、充满水手和乡愁印象的现代雕塑园、堪比公共植物园的博览区，富裕、艺术、科学、生态，加上往来的“高大上”的国际访客，还有红酒和阿根廷传统的水烟，应是符合我们心中的精致与优雅了。类似的场景在欧洲的罗马、伦敦，在日本的轻井沢，都曾经不经意地遇见，主人也乐意与客人分享精心挑选的食材、恰到好处的烹调、彬彬有礼的服务，还有“往来无白丁”的圈子。这样的时光和场景，总会让我念起文史古书中那些士大夫的生活，念起水晶晶的南浔、黄浦江边的外滩，还有鼓浪屿的林氏府,那些逝去的繁华,那些少数人享受的精致与优雅。是的,少数人的精致是不分时代,也没有地域之别的。哪怕是战乱的年代,哪怕是大多数人还在为生存而挣扎,总会有一些小圈子过着超越时代和地域的精致生活,并成为后人在回望历史时孜孜以求的传奇。而当代酒店创新与发展的主流理念则指向多数,为了“更多的国民参与,更高的品质分享”,为了“让人类在大地更加自由,更有尊严地行走”,一代又一代酒店人贡献了他们的才华与激情。直到今天,我们能够记住的那些品牌和人物,无不是为了大多数旅行者的品质生活而殚精竭虑者。当我们终于走出为少数人服务的小圈子和因循守旧的老传统,以精致的生活态度和自然而然的待客之道重塑酒店内涵的时候,中国酒店人与世界的对话开始了。

各位同仁,各位朋友:

既然酒店是行者在异地的生活空间,既然精品源于精致的态度,那么业者就应当从尊重和自尊开始,把精品酒店视为商业理想的载体,而不仅仅是一个盈利的项目。

我希望业者发自内心地尊重所在地的历史文脉和世俗生活。相对于连锁酒店品牌与时俱进的版本更新,精品酒店更像是对历经时光雕刻的区域主流价值观的坚守与致敬。这里所说的区域与传统不仅是记载在书本中,表演在舞台上的历史与想象,更是根植于当代人的日常生活中。最近几年一直在思考城市旅游,并结集出版了《城市:可以触摸的温暖,可以共享的文明》。其中最有感觉的几座城市分别是厦门、苏州和成都,它们的共同点是都具有源远流长的历史文脉,又有相对丰裕的现代生活,特别是城乡居民日常言行中自然散发的悠闲与雅致。比如读书,我们可能觉得需要有一个书房、书桌、灯光、茶水诸般的场景与物件,仿佛是做一场隆重的仪式。在江南呢?人文则是不经意地融入日常生活的:午后,闲翻几页“西厢”;黄昏,呷茶的间隙听几句评弹。至于喝个早茶什么的,原本就是阿公阿婆随处展现的寻常场景。说实话,我很怕一说“精品”

“精致”什么的，就奔着古、奔着洋、奔着深山老林去了，唯恐一挨着生活，一接了地气就是俗了去了。却不知，万丈红尘最温暖，精致更需市井寻。由是观之，上海外滩的华尔道夫是精品，鼓浪屿的林氏府是精品，那些隐在江南水乡的民居客栈又何尝不是精品呢？这样一来，可以选择的创新空间和商业基础自然而然就大多了嘛！

我希望业者真诚而平等地对待每一位客人。自古以来，我们就有“在家千日好，出门一日难”的说法。为什么难啊？是我们对外面的世界没有稳定的预期。富贵者是不难的，他们可以用财富换取尊严；权贵与精英是不难的，他们可以走特定的接待系统。老百姓则不同了，歧视与不平等无处不在，你让他怎么享受旅行中的美好呢？每一位行者，无论富有或者贫穷，无论高居官位还是寻常百姓，无论有无旅行经验，都有保持其尊严的权利，以及不加区别地对行者这一份权利的尊重，是酒店步入精品殿堂的入场券。今天的酒店人不能再给人以“车船店脚衙，不死也该杀”的印象了，得通过自己的努力让社会看得起。梅兰芳不仅因为其扮相与唱功，更是因为抗日战争期间的蓄须，把“下九流”的戏子群体带入了“艺术家”的层级。酒店需要有创新的企业家，有价值的职业经理人，还有广大员工让人尊敬的社会身份，而不仅仅是商人、店小二和服务员。真正的精致在于服务的过程中，不是标准和流程要我们这样做，而是出于对客人和职业的尊重，发自内心地愿意做。

我希望精品要有小众的品质检验，更要大众的认可。在今年四月于上海召开的第十届“中国酒店投资峰会”上，我曾经引用过一句网络语言，“得屌丝者得天下”，用来描述中国酒店业的市场特征和创业动态。事实上，我还对业界朋友们说过另外一句话，“得天下者非屌丝”。任何一种思想，特别是从亚文化圈向主流文化转型的思想和态度，都需要有小众群体自觉创造的开始，也要有一个大众认可的普及过程。具体到商业实践领域，我们决不能搞“二十八个半布尔什维克”，也不能把精品酒店搞成小圈子自我欣赏的文艺作品，尤其不能把精品与高端、豪华,甚至是奢华简单地挂钩,那样会让精品酒店长不大的。事实上,精品并不排斥高端、豪华甚至是奢华,而是还包容了传统上按价格划分的高端、中端与经济型,包容了按客源结构划分的观光、度假与商务,甚至也包容了按位置和载体划分的城市、乡村、机场、邮轮,所有传统分类和分级方式描述的住宿业态,都可能成为精品酒店。准确地说,精品是一种态度,一种在包容中追求精致与优雅的生活态度。就像真正的贵族可能会着名牌、品红酒,也可能会表面上过着与众生无异的平常生活,只是因为荣誉、责任与担当,也许还有慈悲,让他们与芸芸众生区别开来。在商业实践过程中,包括投资者、开发商、运营商、经理人和员工,还是务实些好。不花哨、不忽悠、不故弄玄虚是基本的要求,动不动就是禅修,就是国学,就是隐居,就是不一样的人生。太玄乎了就会失去大众,我看还是实在一些的好。

精品,是业者精致的生活态度,更是大众认可的酒店品质。

精品,是对自然环境和历史人文的致敬,更是对民众旅游权利和住宿品质的关注。

优雅,为了正在来临的精品时代,为了国民大众的旅游梦想,让我们一起思索,一起创造吧!

沿着旅行服务的方向创新前进

——在第二届旅业互联网大会上的主旨演讲

(2014－08－16,上海)

各位业界同仁:

上午好!

互联网确是一个充满想象力和创造性的空间,哪怕是经常上网的人,也会常常与惊奇感不期而遇。8月7日的早上,微信上到处都是携程旅游与美国线上旅行服务商 Priceline 达成战略合作的信息。在了解"可以最高持股携程10%,有权向董事会派出一名观察员"等相关消息的同时,我还知道了一个新名词——"刷屏",就是终端屏幕被某个消息占满了。微博上另一则热门消息则是越来越多的酒店、航空公司等旅游供应商开设了自己基于移动终端的应用(APP),其快速增长的下载量似乎正在不断销蚀线上旅行服务商(OTA)的市场基础,以至于有观点认为既无实体资源,也无实体渠道的旅游电子商务平台可能已经度过了其黄金发展期。越来越多的事实表明:这个群体从来没有像今天这样在重新定义旅行服务的同时,距离全面的商业成功如此之近;也从来没有像今天这样面临着来自法律、监管、供应商、竞争者和消费行为变化的挑战。我来到这里,是要倾听来自创业和创新第一线的声音,更是要传递一个旗帜鲜明的态度:在大众旅游和国民休闲的时代,在大数据、云计算和移动通信的时代,国家旅游智库对于旅行服务创新信心依旧,澎湃如昨。

在我们的身后,是一个大众旅游与国民休闲的时代。尽管中国的旅行社业态可以上溯到1951年的华侨服务社,以及1921年的中国银行旅行服务部,但是直到20世纪70年代末期,伴随着入境旅游的高速发展,旅行社才真正以独立的姿态成长为中国产业地图经济格局中的重要一员。新中国成立后长达三十年的“封闭红利”让大量的国际游客不请自来,主要动机就是观光,就是北京、西安、上海、广东、桂林等若干常规线路。当时的商业接待、公共服务和社会环境与发达国家和地区相比,应当说是相对欠完善的,入境游客更多愿意找旅行社,以团队的方式完成自己的旅游行程。那是传统旅行社的黄金时代,也是很多导游、外联和计调人员津津乐道的职业辉煌。可是没有真正经历过市场竞争的企业,就像是没有经过残酷的战争就获胜的军队。进入20世纪90年代以后,一方面是旅行社数量的快速扩张,另一方面是入境市场进入了平稳增长期,供过于求的市场态势给了旅行社变革商业模式极为难得的窗口期。以1999年国庆“黄金周”为标志的国民旅游的兴起,也让旅行社产业得以分享市场基础快速扩张而带来的“人口红利”。令人遗憾的是,大家已经习惯了“观光、团队、包价”的操作模式和“加点、自费、购物、回扣”的赢利模式。没有想到的是,大众旅游和互联网时代到来得如此迅速,年轻人的旅游观念转变得如此具有革命性,以至于传统旅行社还没有反应过来,那些抓住航空公司、酒店和景区等供应商从垄断走向竞争的历史机遇、基于互联网为代表的现代科技应用、面向追求自助旅游的年轻人群体的OTA们很快就成了市场的主流。如今,大众旅游正在从初级阶段向中高级阶段演化,旅游正在加速进入国民大众的日常生活。最新预测表明,2014年的国内旅游将超过36亿人次,出境旅游将达到1.14亿人次,旅游消费将形成超过3万亿元人民币的庞大市场。可以预期的是,随着《旅游法》《国民旅游休闲纲要》《国务院关于旅游业改革与发展的若干意见》等法律和政策效应的显现,国民的旅游权利将得到最大限度的实现,而且旅游与旅行的方式将会更加自由。一个大众旅游和国民休闲的时代,也一定是旅行服务创业与创新的时代。

在我们的前方,是一个技术进步越来越决定市场格局的未来。以大数据、云计算和移动互联网为代表的技术进步正在不断拓展旅行服务创新边界。互联网不仅仅是一个平台,更不是一般意义上的工具,而是代表未来创新方向的思维方式。无论我们如何留恋田园牧歌,工业革命还是让小农经济和亚细亚生产方式彻底走进了历史。汽车进入家庭,也成为普遍接受的公共交通工具以后,祥子和虎妞再怎么努力,也拯救不了黄包车的历史命运。还有曾经领一时风气之先的飞鸽自行车、柯达胶卷、诺基亚手机等,今天又去哪里寻找它们的身影呢?直到今天,还有人把移动互联网时代分为技术流和业务派,还有人抱着传统的模式和既有经验不放,而没有看到新技术、新思想和新模式正在决定着整个产业的未来。在资本、技术,以及创业创新群体的共同引导下,从携程到去哪儿,从蚂蜂窝到在路上,从众信到百程,旅行服务领域的创新迭代让人眼花缭乱。虽然不可能所有的创新最后都走向成功,但是没有跟上时代的企业一定会被时代所淘汰,未来终将是创业和创新者的未来。技术进步正在不断扩大商业创新的基础。未来五到十年,基于移动互联网的旅游消费将占到旅游产业的50%,在线旅游产业将会扩大3到5倍。2014年6月的中国互联网统计报告表明,手机网民规模达5.27亿,上网设备中手机使用率达83.4%,首次超过PC整体使用率(80.9%),成为第一大上网终端设备。而3D打印、可穿戴设备,以及越来越完善的大数据等创新,必将从根本上颠覆旧格局的商业基础。

更为关键的是,我能够看见创新者敏锐地把握了变化中的主流价值和广大游客的核心诉求。事实上,最大多数消费者的核心需求始终是所有商业机构的价值基础。携程、同程、途牛、驴妈妈等电商以“多数旅行者的核心需求”为切入点,在满足游客机票、酒店、门票、签证、租车等出游核心需求的同时,也在改写着旅行的发展历史。去哪儿网在满足游客货比三家的核心诉求的同时,也形成了有价值的商业模式。蚂蜂窝、穷游网、在路上、面包旅行等旅游社区网站,为游客提供了分享鲜活旅游经历的平台,也为自助游游客提供了可资借鉴的鲜活案例。他们的出现和发展壮大,正是因为牢牢把握住了最多数游客的核心诉求,才能够成长为行业的佼佼者。

在我们的身边,沿着旅行服务创业与创新的方向,有着越来越多的同行者。近年来,从携程、同程、驴妈妈、途牛、艺龙的 OTA 模式,去哪儿网的搜索模式、欣欣旅游的 B2B2C 模式、在路上的移动 OTA 模式到快的打车、滴滴打车的 O2O 模式等,以及更多虽然我说不出名字,但是能够清楚地感受到他们的理想、激情、专业和能力的年轻人正在加入创业的群体中来。我们能够感受得到这支队伍越来越壮大,聚集到一起的年轻人正在做一项伟大的事业,那就是你们正在重新定义旅行服务业,正在推动中国旅行服务产业的内生化成长。与我们同行的还有整个旅游经济体系的供应商,他们也正在加速变革与创新的进程。高速铁路、高速公路、大飞机、新机场等改变了远程交通的格局,廉价航空让更多人可以享受旅行。易到用车、航班管家、高铁管家等让人们的旅行更加便利。百度地图、高德地图、滴滴打车、快的打车让我们在目的地的移动更加方便。大众美食网、大众点评网让我们可以更加快速地找到有创新的、百姓生活的餐饮场所;雕爷牛腩、西少爷肉夹馍和常德米粉店之所以能成功,是因为他们用创新的思维、用互联网技术做餐饮。从定点的演出包场,到张艺谋的印象系列,再到时光网,乃至"高大上"的国博也在将艺术与休闲、旅游和时尚相融合,我们的娱乐方式在持续变革。互动视频购物、海外代购、免税店和微购物正在彻底改变购物的格局。从迪斯尼、海昌到方特、长隆和华侨城的主题公园,正让旅游和休闲的边界变得日益模糊,越来越混搭。可以说,今天的旅游供应商体系和目的地商业环境正发生着革命性的变化,传统旅行社的商业模式和市场基础已经一去不复返了。而供应商的同步创新使得旅行服务领域的创业创新有了可靠的同盟军,目的地越来越成为外来游客和本地市民共享的生活空间。与我们同行的还有包括中国旅游研究院在内的官产学媒各界。当大家与时代同行的时候，我没有理由不站在大家中间，以莫大的信心见证中国旅行服务产业的转型与升级，并为这一进程中的点滴进步而欣喜欢呼。

我还能够感受到，旅行服务领域中的创业与创新努力正在与伟大时代的中国梦越来越同构、越来越共振。旅游是什么？旅游是人民生活水平提高的一个重要指标，旅游是国民权利的重要组成部分，旅游是现代服务业的重要组成部分。两个百年的梦想应该有旅游的梦想，也应当能够支持，包括在座各位的旅游创业的梦想。正是从这个意义上说，年轻人正在改变旅游的世界，创业照耀旅游的星空。

历史已经并还将证明：一个伟大的时代必然会有伟大的创造，而伟大的创造也一定是与时代同行的。小伙伴们，让我们为了一个大众旅游和国民休闲的时代，沿着旅行服务的方向，创新前进吧！

大众旅游与国民休闲的新时代

——在中国—东盟(广西)文化旅游高峰论坛上的主旨演讲

(2014-09-02,南宁)

女生们,先生们:

旅游与文化、科技的融合发展,已经成为国家战略,也是世界性的潮流与趋势。有意无意之间,自己的夏季读书和研究计划也是围绕着这么几个方面展开的,从孔飞力先生(Philip A. Kuhn)的《中国现代国家的起源》、桑德尔(Michael J. Sandel)先生的《正义:一场思辨之旅》、侯孝贤导演的《煮海时光》,到隈研吾先生的《负建筑》和霍金的《大设计》,从《关于促进旅游业改革与发展的若干意见》的国务院文件,到《景观之上是生活》《转型之际,主客之间》等学术小品,一路读下来,加上万达的几个项目看下来,不由得思考这么几个问题。

第一个问题,为什么是欧洲和北美,特别是西欧和中欧,而不是南美洲和非洲,一直是经典的国际旅游目的地?按说南美的丛林啊、伊瓜苏瀑布啊,还有非洲大草原和四处迁移的野生动物啊,是如此激动人心,以至于常常想让我们来一场说走就走的旅行。欧洲和北美呢,当然也是有山水、有历史的,可是它们更有令人向往的生活方式,以及便利的交通和完善的基础设施。事实上,观光旅游以目的地和客源地之间的差异性为基础,只要与客源地的惯常环境存在差异，哪怕是接待和服务条件差一些，目的地也足以吸引大量游客的到访。可是休闲度假呢，则是以生活环境的相似性或者更高品质的生活方式为前提的。巴黎的时尚、伦敦的优雅、纽约的现代，硬是让世界各地的游客将之视为地球村的downtown（商业中心）或者CBD（Central Business District 中央商务区）了。大家想一想我们日常休闲的时候，是逛街购物看电影的时候多呢，还是登山涉水发悠古之思情的时候多呢？当我们从生活本质思考旅游的时候，就会发现最有生命力的自然、科技与文化一定是融入日常生活的场景，并能够让人触手可及的。

第二个问题，为什么苏州、厦门、成都这些地方的旅游经济规模和游客满意度评价总是位居前列，而不是西安、桂林、张家界等典型的旅游城市？西安有兵马俑，有大雁塔，有大唐王朝，桂林有甲天下的山水，张家界有《阿凡达》都来取景的美丽山水，苏州、厦门和成都同样也有山有水，有传统的历史人文，不同的是它们还有当代的时尚生活。我们去这些城市，固然要看虎丘、看鼓浪屿，看诗圣的草堂，年轻人更愿意去感受猫的天空、去打望春熙路和宽窄巷子，去曾厝垵感受宫崎骏漫画般的唯美。需要特别说明的是，这些城市更加注重面向未来的创新发展，尤其是根植于民间文化和民众教育基础之上的年轻创业群体，如同程、中星、林氏府、成都文旅等，都在为城市当代旅游与文化的融合创新注入生生不息的活力。这些创业的群体和创新的项目不完全是由政府规划出来的，而是本地的休闲需求、游客的消费叠加，以及资本、技术和文化自然耦合的结果。最终展现在我们面前的是自然、更是人文，是历史、更是现代，是原生态的质朴、更是面向生活的品质。

说到品质，也就是我思考的第三个问题了：为什么《诗经》中流传最广的是"风"，而不是"雅"和"颂"？那些构成了中国人文传统之核心的优美文字，"关关雎鸠，在河之洲"啦，"有匪君子，如切如磋，如琢如磨"啦，"所谓伊人，在水一方"啦，都是来自于民间的言情小调，经过周朝的采诗官收集整理，加上鲁国的太师和乐工们再加工，当然还有孔子的删定与编辑，就成了"不学诗，无以言"的经典了。直到近现代,我们依然可以看到这种现象。如果没有西部民歌资源的滋养,不可能有走入世界音乐殿堂的王洛宾。同样,如果没有王洛宾为《在那遥远的地方》《康定情歌》《青春舞曲》等民歌注入现代音乐元素,它们可能依然只是少数人吟唱的地方小调。从这个意义上说,原生态的文化元素要想让更大范围的人群所共享,就必须得经过有组织的艺术家群体的再创造。

女士们,先生们:

经过二十年"封闭红利"驱动的入境旅游和十五年"人口红利"推动的国民旅游两个市场的交替领跑,中国旅游经济正在面临从大众旅游和国民休闲的初级阶段向中高级阶段演化的关键时期。2013 年,中国的国内旅游市场规模为 32.6 亿人次,加上近一个亿的出境旅游人次,国民出游率已经超过了 2.5 次。可以说,旅游和休闲已经成为百姓生活的日常选项。值得关注的还有旅游组织方式的变化,2013 年,国内旅游者通过旅行社组织,以团队、包价的方式完成旅游活动的比例不到 4%,绝大多数旅游者都是通过百度、去哪儿、携程、同程等 OTA(线上旅行代理商)完成自己的旅游活动的。近年来,随着智慧旅游的兴起,更多游客特别是年轻人开始使用手机 APP 分享旅游攻略,广泛介入当地的文化、休闲和娱乐消费,或者说游客正在从景点景区为代表的狭义的旅游世界里走出来,融入了目的地的日常生活空间。旅游进入老百姓的日常生活选项和游客进入当地居民的日常生活空间,这两个"日常化"特征正在从根本上改变当代中国的旅游产业格局。也正是在科学研判大众旅游和国民休闲的基础上,国务院在上个月颁布的《关于促进旅游改革与发展的若干意见》中,开篇即给出了"旅游是现代服务业的重要组成部分"的论断。

旅游消费的泛在化趋势必将进一步推动旅游消费规模的持续增长。到 2020 年,中国的人均出游率将达到 4.5 次。到那个时候,境内旅游和出境旅游将分别达到 48 亿人次和 2 亿人次。从宏观和中长期看,依托景区景点的观光依然是基础性的旅游需求,特别是老年人旅游和青少年研学旅行"一老一少"两个基础市场，将是观光旅游持续增长的基础支撑。同时，中产阶层和城市白领的休闲、度假市场和购物、探索、生态等主题旅游已经兴起，并将引领整个旅游市场发展和产业创新的方向。为此，各级政府将进一步加大包括国家公园在内的国民旅游休闲度假设施和公共服务的投入，进一步加大带薪休假的时间供给，创新包括签证、免退税、航权开放、放松高铁票务管制在内的消费便利化政策，进一步严格利用公共资源开发景区的门票管制，以最大限度地将“人民群众对美好生活的向往就是我们的奋斗目标”在旅游领域落到实处，最大限度地实现“更多的国民参与、更高的品质分享”的小康社会旅游梦。在此战略遂行过程中，狭义的、封闭的传统旅游观将逐渐消失，而代之以广义的、开放的科学旅游观。具体而言，就是要紧紧依托区域中心城市的文化、体育、娱乐等市民休闲资源，以及教育、培训、医疗、卫生、交通等公共服务资源，把目的地培育成为市民与游客共享的生活空间。如果继续沿着圈山圈水收门票的传统开发模式，政府将永远无法破解旅游供求在时间和空间两个维度上的聚集矛盾，旅游与文化融合发展战略也将无法找到坚实的市场基础。

女士们，先生们：

我希望旅游与文化的融合发展要以当代生活为导向，既要满足国民大众对观光旅游的基础要求，又要满足年轻一代对时尚生活和美好品质的现实追求。山水、气候、历史和原住民的生活方式是发展旅游的本底资源，任何时候都要给予充分的尊重和保护，同时也要用全球的视野和未来的眼光引领老百姓对现代生活的向往。在一次关于民族旅游的研讨会上，我曾经提出：对于老区、少数民族地区、边疆地区和贫困地区的原生态生活，不能只有诗意的想象，一味地强调保持原状，而是要与现实同行，充分尊重原住民的发展权利，充分尊重游客在观景体验之外对高品质商业服务的需求。我很高兴地看到这次国务院文件关于旅游目的地发展的政策创新引入了专业志愿者的概念，文化创意得让原生态的文化有实实在在的增值，让老百姓在收入、就业和素质提升方面得实惠。目的地当然也包括城市,城市不仅仅是政治、行政和经济中心,也应当是文化中心、休闲中心,让市民就地享受现代休闲生活应当是旅游发展的题中之义。

我希望旅游与文化的融合发展要充分发挥市场机制在资源配置中的决定性作用,积极培育充满创造力和竞争力的市场主体。过去谈旅游市场主体或者说旅游企业,主要是旅行社、景区、酒店等传统业态,谈旅游投资则主要是开发“三高一综”——高等级景区、高星级酒店、高尔夫球场、旅游综合体,再加上机场、高铁、公路等基础设施。旅游泛在化的今天,旅游产业正在走向跨界、混搭甚至是无边界的融合与创新。资本、技术与文化创意推动的新型市场主体,特别是年轻一代的创业、创意和创新,导致旅游产业格局正在经历一场革命性的转型与变革。我们看到迪斯尼、环球影城等国际一线旅游运营商,万达、海昌、长隆、中信等战略投资者,携程、去哪儿、同程等新型旅行服务商,如家、铂涛、华住、布丁等酒店集团,风险投资的蚂蜂窝、在路上、世界邦、百程网等旅游攻略以及更多充满激情与梦想的年轻创业群体,正在与港中旅、国旅、中青旅、金茂、首旅、锦江、岭南等大型国有旅游集团一起构成了更加多元、更有活力和竞争力的市场主体。在旅游发展的起步和成长阶段,“政府主导、适度超前”战略曾经发挥了积极有为的历史作用,如今,资本、技术和创业者驱动的市场主体已经具备了引领产业发展的实力,该是让市场机制在旅游创新和文化创造中发挥主导作用的时候了。

万达文旅集团是在市场竞争中成长起来的,能够敏锐地把握旅游和文化消费市场的变迁,通过持续的创新去满足新发现的需求。这次他选择了南宁这个地方做主题公园、电影科技乐园、国际影城,而且全部放在了室内,一年365天,娱乐全天候。游客和市民不管刮风下雨,都有地方去,都有项目玩。你说他是文化项目、旅游项目,还是商业项目?我看都是。这样的创新多了,中国旅游产业的现代化也好,国际化也罢,就有了现实的市场支撑。

我希望旅游与文化的融合发展要以更加开放的姿态,务实推进全方位、多领域的国际合作，特别是包括东盟在内的周边国家的区域合作。让人类在大地上更加自由、更有尊严地行走，是全球旅游发展的宗旨和导向。在旅游的世界里，陆地是有边界的，海洋是有尽头的，而旅程和目的地则是可以跨越国界的。这就需要自觉站在人类文明演化的战略高度，务实推动旅游领域多边、双边特别是区域性的国际合作。就中国与东盟而言，山水相连，文化相近，民众往来的愿望是如此自然，以至于“新马泰”（新加坡、马来西亚、泰国）在相当长的时间里成为中国公民出境旅游的代名词。去年的一部电影《泰囧》，很快让主要客源城市飞往泰王国的航班一票难求。为了孟加拉国、中国、印度、缅甸四国政府首脑共同倡导的“孟中印缅经济走廊”，我和我的同事正在抓紧研究旅游领域的合作规划。希望不久的将来，中国和东盟将真正成为全球最有活力的国际旅游目的地。

女士们，先生们：

中国的孔子曾经说过：质胜文则野，文胜质则史，文质彬彬，然后君子。千载之下，对当代生活，对旅游休闲，依然有着无尽的启示意义。

在大众旅游时代，与市场主体同行

——在“中国旅游发展·北京对话”上的主题演讲

（2014－10－11，北京第二外国语学院）

老师们，同学们，朋友们：

上午好！

时隔六年，再次站在“二外”的讲台上，我感到由衷的高兴。

在过去的六年中，我看到了学院教育教学、科学研究和社会服务的不断发展。这是一所以外国语言文学为基础，以旅游管理为特色，文管经法多学科协调发展的教学科研型大学，这是一所在中国旅游理论研究、教育教学和实践影响等方面具有广泛影响力和标志性意义的旅游院校，这是一所曾经和正在拥有杜江教授、张辉教授、张凌云教授、邹统钎教授、谷慧敏教授、秦宇教授、厉新建教授、李宏教授等国际知名学者群体的专业机构。在我的印象中，学院在旅游管理、酒店管理、会展管理及相关专业的教学科研中，一直强调面向国际、面向当代、面向生动活泼的旅游产业实践，一直保持着与国家旅游政策设计和旅游产业实践，特别是企业家群体之间的紧密互动。事实上，连续举办了十届的北京对话这个平台，正是学院走出传统学术研究的象牙塔，与涉旅政府部门和市场主体广泛对话，进而凝聚旅游发展共识，推动旅游业健康可持续发展的成功典范。

在过去的六年中，我看到了国家旅游产业的发展稳步进入了以百姓消费为基础的大众旅游和国民休闲的新阶段。离开学校的2008年，正逢全球金融危机的爆发，对世界旅游业产生了前所未有的冲击与影响。为应对危机，更是为了顺应国民大众日渐高涨的旅游休闲需求，2009年《国务院关于加快旅游业发展的意见》、2013年《国民旅游休闲纲要》《中华人民共和国旅游法》，以及今年颁布实施的《国务院关于进一步促进旅游业改革与发展的若干意见》等法律法规和政策文件，不断提高旅游业发展的战略摆位，标志着发展旅游业正式成为国家意志和政府战略。黄金周、带薪休假、国民休闲、智慧旅游、游客满意、国家公园……一个接着一个的热点话题让中国的旅游投资者、运营商和学术界在持续的"挑战—应对"中逐渐成长起来。特别随着中国公民出境旅游的高速增长，中国已经成为世界第一大出境旅游客源国和旅游消费支出国，让世界特别是亚太地区旅游业保持了繁荣与发展的态势，也让中国旅游学者的声音随着中国游客的脚步传遍了日本、韩国、东盟、澳洲、欧洲、北美、阿根廷、南非，传遍了世界的每一个角落。回想三十年前，二十年前，甚至十年前，无论是政府的旅游规划，企业的商业模式，还是学术界的理论范式，言必称欧美日韩，而今，我们在国际交流中已经有了越来越多的对话的色彩。真正意义上的国际合作开始了。

在过去的六年中，我还看到一代又一代企业家和经理人的创业创新努力，让传统的旅游产业稳步走向现代服务业，为千千万万父老兄弟的旅游休闲提供高品质服务的同时，若干有国际影响力的旅游品牌真正成长起来了。在传统的国有饭店、旅行社和景区行业，蒋建宁、侣海岩、华新芳、张润钢、张立军、刘平春、郑玮玲，以及更多已经来到和暂时还没有来到这个对话平台上的企业家，把中青旅、国旅、港中旅、首旅、锦江、岭南、粤海、杭旅等一批体制内的旅游集团带上了转型、变革、创新和发展的良性轨道。这些可敬的"大叔"们让我感受到了传统的旅游经营者对国家和产业的忠诚，看到了一代人在旅游领域的尽忠竭智。来自民营企业和社会资本方阵的陈妙林、王正华、黄巧灵、曲乃杰、冯滨、王健林,还有更多无法一一列举的创业者,让开元、春秋、宋城、海昌、众信、万达文旅等企业成为了我国旅游集团的第一方阵。他们及其代表的旅游品牌让我看到了民间的商业力量一旦被唤醒,其创造力是何等的伟大。而以大数据、云计算、移动通信为动力,以知识人为载体的旅游新业态,在成就了携程、去哪儿、同程、蚂蜂窝、铂涛、华住、如家、布丁等知名新型旅游品牌的同时,也把梁建章、庄辰超、吴志祥、陈罡、郑南雁、季琦、孙坚、朱晖等已经或者即将在各地证券交易所敲钟的年轻人写进了旅游领域"中国合伙人"的传奇,为无数校园学子带来了满满的正能量。更多"80后"、"85后"和"90后"新新一代的创业者,则让我看到美丽中国的旅游梦想如何插上知识和科技的翅膀,以及旅游产业创新发展生生不息的动力。

六年过去了,我们都在成长。在此,我要特别感谢传承与创新的大学校园,感谢美国中国的旅游时代,感谢无数以创业创新为己任的企业家朋友们,是你们给了我领导一家国家旅游智库的智慧、信心和勇气。

老师们,同学们,朋友们:

当前我国旅游经济运行正在从大众旅游发展的初级阶段向中高级阶段演化,正在从旅游大国走向旅游强国,正在走向有为政府和有效市场相协调的再均衡发展道路。在小康社会和中华民族伟大复兴梦想两个百年目标中,一定有一个旅游的梦想。随着宏观政策效应的释放,旅游业的发展环境从来没有像今天这样让我们对未来充满信心。

我的信心来自于旅游已经成为老百姓常态化的生活方式。就在昨天,我和我的同事在人民网发布了2014年前三季度旅游经济运行分析暨全年发展预测。数据表明,今年国内、出境旅游市场规模将达到36亿人次和1.15亿人次,加上近1.3亿的入境旅游人次,旅游消费总额将超过4万亿人民币。到2020年,国民人均出游率将达到4.5次,那将是一个近60亿人次的旅游市场!除了传统的观光旅游,休闲、度假、养老、研学、医疗保健、海洋、邮轮、自驾车、探险,甚至航天都已经成为老百姓旅游需求的新选项。以国民需求为支撑,以消费升级为驱动力的旅游经济新常态正在向我们走来。

我的信心来自于创业创新正在成为旅游供给和产业演化的主旋律。从去年下半年开始,我们能够明显感觉到在资本、技术和人才的共同作用下,传统旅游业态创新步伐开始加速,锦江国际的“青年领军50人计划”、杭州旅游集团的西溪酒店群、众信国旅的上市并购、中青旅的古北水镇就是典型案例。国际资本和产业资本对旅游业的投资正在从策略性试点步入战略布局的新阶段,比如即将开业的上海迪斯尼、后天将要发布的北京环球影城项目,万达广旅在酒店、旅行社和主题娱乐领域中的高调布局,携程购入邮轮等重资产,以及国家开发银行、中信产业基金的战略谋划,无不让我们对新一轮的涉旅投资充满期待。当然,更为活跃的创业创新还是来自于互联网领域,除了风险投资的世界邦、海玩、在路上、途家等项目公司外,以BAT(百度、阿里巴巴、腾讯)为代表的互联网企业均已经完成了旅游产业布局的战略规划。据我所知,脸书、推特、谷歌等国际互联网巨头也正在谋划进入中国旅游市场。

我的信心还来自于国家、各级政府和社会各界对旅游的认识越来越深化。改革开放初期,我们发展旅游业主要是为了创汇,20世纪90年代中后期则以扩大消费、促进经济增长为导向。现在呢?更加强调旅游与第一、第二、第三产业的融合发展,更加明显地认识到旅游对政治、经济、社会、文化和环境“五位一体”建设的战略作用。习近平主席2013年在莫斯科发表的“中国旅游年”开幕致辞中指出,“旅游是人民群众生活水平提高的重要指标”。国务院多次发文,“旅游是现代服务业的重要组成部分”,“要把旅游业培育成为国民经济的战略性支柱产业和人民群众更加满意的现代服务业”。《中华人民共和国旅游法》则把保护公民的旅游权利作为立法的宗旨和导向。随着旅游基础设施的完善、公共服务水平的提升、目的地商业和生活环境的优化,还有带薪休假制度的落实、国家公园的建立等制度创新,我们有理由认为旅游业发展正处于大有可为的战略机遇期。

在对当前和未来一个时期的旅游发展环境充满信心的同时,我们也要看到旅游经济运行还面临着前所未有的挑战。从市场来看,还有相当比例的国民大众,特别是广大农村居民、城镇低收入群体的旅游权利没有得到有效落实,广大游客对服务质量的满意度还有待于进一步提升;从产业面来看,市场主体的创新效果还不够明显,供给增量还主要依赖传统的自然、历史文化和资本要素的投入,而依靠技术、知识和人才驱动的商业创新还没有成为主流,市场竞争力和品牌影响力还有待于进一步提升;从政策面来看,如何构建适应大众旅游和国民休闲时代需要的旅游产业促进和宏观调控体系,以游客满意为导向的微观监管体系,特别是如何处理好旅游企业的"有效市场"与"有为政府"之间的关系,客观地讲,我们对此还缺乏必要的理论和实践准备工作。还有,如何振兴入境旅游市场,如何用好出境旅游这张牌,提升国家经济外交和人文交流,提升国家软实力,以及文明旅游、社区共享等问题,都是当前和今后一个时期需要重点谋划的战略课题。这些问题的解决,固然需要中央的顶层设计和政府智库的系统研究,也需要包括"二外"在内的教育界和学术界的共同努力,更需要包括在座各位企业家的创新实践。目前,旅游市场主体正处于快速发展的上升通道,如何一边提升产业素质,一边肩负起国家旅游发展和游客满意的社会责任,确是企业界需要思考的重大现实问题。正是在这一背景下,我们将今年 12 月于宁波召开的年度中国旅游发展论坛的主题确定为"商业思想与旅游集团成长"。

老师们、同学们、朋友们:

在这个大众旅游的时代,我们应当,也能够实现一个"更多的国民参与,更高的品质分享"的旅游梦想。

在这个创业创新的时代,我们应当,也能够培育一批"世界影响,中国风格"的旅游市场主体。

在这个全球化的时代,我们应当,也能够倡导一个"让人类在大地上更加自由，更有尊严地行走”的旅游新世界。

在这个实践呼唤理论创新的时代，我们应当，也必将能够建构一套“源于实践，思想引领且能够与世界对话”的当代旅游发展理论体系。

我愿意在这个国民旅游权利彰显的大众旅游时代，在这个创业与创新持续涌现的国民休闲时代，与千千万万的普通游客在一起，与千千万万的市场主体同行。

谢谢！

让理性引领智慧的未来

——关于智慧旅游年度总结的公开演讲

(2014－10－24)

同志们,朋友们:

2013年的秋季,国家旅游行政主管部门将年度工作主题确定为“智慧旅游”。转瞬已是一年,该是做做总结、展望未来的时候了。

我是在皖北乡下长大的。小时候,旅游只是挂在墙上的照片。族中的长兄有去远方当兵的,寄回家若干在草原上骑马的照片,写信描述那些与家乡不一样的风景。正是这些信件和照片让儿时的自己对远方有着无尽的想象,想着有一天也可以像他一样去看不一样的风景。要知道,自己的祖辈、父辈们很多人一生的生活半径不会超过200公里。长大了些,旅游是淮河对岸那座叫作蚌埠的城市。偶尔有城里的亲戚下乡来,穿着好看的衣服,带来好吃的糖果,跟小伙伴们讲他们坐着公交车,穿过梧桐遮盖的街道去看电影。听着、看着他们的言谈举止,乡下少年对城里的生活好生向往啊! 后来,旅游变成了导游手中小小的旗帜,一群群的外国人、中国人跟在他们后面游山逛水、走街串巷,“祖国山河美不美,全靠导游一张嘴”。而如今,旅游成了“人民群众生活水平提高的重要指标”(习近平,2013),成了父老兄弟的日常生活选项,成了年轻人拿在手里的移动设备和相互分享的旅行攻略。策略性和局部性的技术创新也许只是商业的工具,战略性和影响全局的技术进步则会带来市场格局和商业模式的变化。以大数据、云计算和移动通信为代表的信息技术的泛在化应用,从根本上改变了旅游的组织方式,让消费者和市场主体逐渐摆脱了对权威——不管是行政权威、商业权威,还是专业权威的依赖。在集体与权威逐渐退去的同时,游客的个体意识越来越显化。在过去的一年里,智慧旅游让国民大众得以享受自由自在的异地生活,旅游重新成为引领社会生活变革的风向标。

在过去的一年里,智慧旅游让更多的旅行服务企业融入现代服务业有了现实的可能,特别让更多的年轻人在旅游市场上看到了创业的曙光。接着说个人的生活吧——在书写历史的宏大叙事中,个体往往是折射时代变迁的典型样本。高考后填志愿,因为一句"企业管理专业就是把学生培养成将来的厂长经理",就选择了商科院校。可是毕业后才知道,在连找个工作都要托亲靠友的环境里,厂长经理怎么可能是大学培养出来的啊!具体到旅游领域,20 世纪 80 年代,中国刚刚改革开放,旅游还是外国人、港澳台同胞和少数人的权利,经商办旅行社也好,开酒店也罢,都须经过政府按配额审批赋予权力,更不用说进入垄断资源的景区了。大学毕业生从事旅游服务业的唯一路途就是进入传统的"国中青"等几家大社,接受的训导是"旅游是实践性行业,必须从基层做起,一点一滴地积累经验"。年轻人因为别无选择,而不得不忍受一遍又一遍的杀威棒,直到把自己变为《家》中的觉民,承载着长子责任却看不到未来之光。20 世纪 90 年代后期,国家进入了市场经济和国民旅游的时代,年轻人终于可以在体制和传统之外看到些许的空隙,然而受市场规模和商业环境之所限,真正能够在市场中形成自己特有空间者,则以不按常理出牌的原始积累为主,而以知识、技术和资本融合为特征的市场创业和商业创新则是近几年的事情。大数据、云计算、可穿戴设备等信息技术的进步,首先打破了信息,特别是市场和商业信息的层级垄断,年轻人突然发现这个世界真的变平了。尽管绝大多数由年轻人主导的创业创新没有完全进入主流,但是已经让体制和传统,让"大叔"们产生了前所未有的焦虑感。前有携程、去哪儿、同程、如家、7天、华住,后有蚂蜂窝、在路上、世界邦、百程、海玩、布丁、亚朵,还有与创业者同行的品橙、榜中榜等旅游新传媒,你们不仅成功书写了旅游领域"中国合伙人"的商业传奇,更让年轻人重新找回了旅游产业价值,以及对未来的信心。你们在为大众旅游创造更多的自由自在的旅行生活的同时,也为广大从业者,特别是高校毕业生打开了一个面向未来的窗口:原来旅游行业的人才需求不仅仅只是强调经验,而且还有知识和技术。在布丁、在去哪儿、在铂涛,看到年轻人充满阳光地工作,我心里着实高兴呐!从观念和思想的意义上,智慧旅游切切实实地创造了可以载入中国与世界旅游发展史册的业绩!

同志们,朋友们:

国家旅游业每年都会有新的主题,2014年就要过去了,可是智慧旅游所标志的旅游新时代才刚刚开始。我们已经走入国民旅游权利日益彰显,知识、技术与资本共同主导的创业创新的旅游新时代——年轻人自主选择旅游方式和商业平台是其主要特征。我们都再也回不去了!沿着智慧旅游方向继续前行的时候,我希望能够在大干快上的氛围中,在"遇魔降魔"的高歌猛进中,能够让理性引领我们的前行。

我希望积极作为的政府、出谋划策的学术界和影响公众的媒体,在指引方向和优化环境的同时,能够把"让市场在资源配置中发挥决定性作用"这句话真正落到实处,以更大的气力推动民间和社会的自发创新。在团队为主的入境旅游阶段,政府及其主管部门的工作重点在市场主体的准入管制,动用国家和社会资源解决旅行社、酒店、景区、交通等资源短缺问题,可以说功不可没。在散客为主的大众旅游阶段,政府主要通过大项目、大活动来释放消费需求,优化政策环境,有可圈可点的成就,但是也有忽视市场主体建设,不完全信息引发地方政府对旅游业非理性投资的问题。今天,旅游经济运行已经进入了国民广泛参与、市场体系越来越健全的发展阶段,政府得重新调整自己在旅游发展战略体系中的定位、功能与角色。在智慧旅游这样一个变化日新月异的领域,外有智慧城市、数字中国、北斗导航、3D 打印等适应第四次科技革命的基础设施建设,内有 BAT(百度、阿里巴巴和腾讯)、携程、去哪儿在广义旅行服务领域的战略扩张,金融资本、产业资本和风险资本推动下的商业创新,以及脸书、推特、priceline、Airbnb 等国际机构围绕中国旅游市场的战略布局。无论省市等地方旅游主管部门,还是中央政府的旅游行政主管部门,都应当把智慧旅游的工作重点放在对外部基础设施和科技成果的应用上,放在对市场主体的引导与合作上,而不是放在融基础架构、行政管理、公共服务和市场推广于一身的顶层设计和大一统的平台架构上。尤其需要提醒的是,政府动用纳税人的资金做类似工程时,得先设问并回答几个问题:"哪些是市场主体和既有的商业机构不能做的"、"哪些是市场主体和商业机构做起来更为有效的"、"哪些是政府其他部门已经在做的"。须知,在一个信息高度分散的商业社会,在一个强调依法治国的时代,政府不要去做力不从心的事情,更不要去做吃力不讨好的事情。

我希望智慧旅游的投资者和创业者进一步坚定国民旅游、旅行和休闲市场的信心。我们的眼睛固然还得盯住投资者不放,也要明白,真正大有作为的空间是大众旅游和国民休闲的基础市场。在台北的那次专业演讲中,我曾经以《智慧旅游:技术、青年与时代》为题,对推动当前和今后一个时期国家旅游经济发展的三个主导因素进行了分析和阐述。从根本上讲,国民大众的旅游需求和稳定增长的旅游市场才是旅游发展和产业创新生生不息的动力。根据《国务院关于促进旅游业改革与发展的若干意见》,到 2020 年,国民出游率将达到 4.5 次。加上入境旅游,这将是超过 60 亿人次的庞大市场,还有数以百亿计的旅游人次,他们对于国际国内目的地的信息、往返交通票据等旅行效率的需求,对于餐饮、住宿、文化娱乐等生活便利的需求,还有,对于品质和尊严的追求,都需要市场主体去有效地满足。在市场主体的培育和建设中,随着人口红利的消失,科技和文化将扮演越来越重要的作用。特别需要指出的是,市场规模稳步扩大伴随着消费需求的变迁,从而为新业态、新模式和年轻人的创业创新带来了极为难得的历史机遇。可以说,作为现代服务业的旅游业从来没有像今天这样离我们如此之近,并给予我们如此之大的创业信心和前行的勇气。

我希望智慧旅游的创业者和运营商在技术创新的基础上,进一步做好商业模式优化和日常管理的规范化工作。王子和公主结婚后,等待他们的不仅仅是幸福的日子,还有柴米油盐的日常生活。一轮又一轮的融资,乃至上市敲钟以后,创业型公司终究还是要回归到商业理性的一般规律上来。计划、组织、协调、指挥、控制,市场、产品、财务、人力资源、企业文化、变革与再造,所有传统企业曾经经历和正在面临的问题,我们终究都会遇到。在现实的商业社会里,从来就没有一直保持高速增长的公司。我们必须清醒地看到,那些传统的"大叔"们不仅在焦虑,也在不断通过并购和自主创新而变得更加强大,可怕的是,我们已经能够听到更为年轻的创业者的脚步声了。君不见,就是"80 后"还在大跳"小苹果"的当口儿,"00"后的社交网络上已经在讨论"四叶草"了。"在风口上,猪都能够飞起来的",这句互联网 Style 的话很能够激励人,但是请别忘记了,从长期来看,飞起来的十头猪可能有九头会掉回地上来。那头从必然王国进入自由王国的猪一定是既会利用风势,又懂得飞翔原理而不断地提升自己的飞翔能力。随着"创业红利"的消失,近年来风起云涌的创业创新者们,得为即将到来的天气变化准备雨伞了。

我希望智慧旅游的从业者尊重国家法律,敬畏商业伦理,永远做阳光下的生意。一位技术背景的 CEO 告诉我,只要有了足够的信息,就可以把特定的个体从全球数十亿人群中分辨出来,而且知道你的过去就可以知道你的未来。从纯粹技术的角度看,这个观点在大数据时代是完全成立的。对市场、技术和自身的商业能力充满信心是好事,然而,技术之上是伦理,我们还需要对生命和文明演化充满必要的敬畏心。无论是技术创新、产品研发,还是市场竞争,都需要技术伦理和商业伦理看守。那些令人尊敬的有价值的公司,一定不是有意利用甚至放大人性的“恶”，而是发自内心地尊重与弘扬出于人性中的“善”。因此，如何保护游客的隐私，如何维护合理的商业生态，如何让社区居民共享，如何在商业思想的层面上与国际同行对话、与历史和文明对话，应是旅游领域正在步入成长期的“中国合伙人”思考和对话的现实主题。

在大众旅游的时代，作为学者，我愿意永远与创业者在一起，并且一直与市场主体同行。在过去的一年里，创业开始照耀旅游的星空。展望即将到来的日子，我会依然为创业创新者传递信心，也会共同面对各种各样可能的沟沟坎坎。我更坚信，理性引领下的智慧旅游，将会走得更远、更稳、更好！

特约编辑：雷　蕊

责任编辑：郭珍宏

图书在版编目(CIP)数据

创业照耀旅游的星空 / 戴斌著. -- 北京 : 旅游教育出版社, 2015.3(2018.3)
(国民旅游休闲讲稿 ; 2)
ISBN 978－7－5637－3126－8

Ⅰ. ①创… Ⅱ. ①戴… Ⅲ. ①旅游企业—企业管理—研究 Ⅳ. ①F590.65

中国版本图书馆 CIP 数据核字(2015)第 027208 号

国民旅游休闲讲稿(二)

创业照耀旅游的星空

戴斌　著

出版单位	旅游教育出版社
地　　址	北京市朝阳区定福庄南里 1 号
邮　　编	100024
发行电话	(010)65778403 65728372 65767462(传真)
本社网址	www.tepcb.com
E－mail	tepfx@163.com
排版单位	北京旅教文化传播有限公司
印刷单位	北京柏力行彩印有限公司
经销单位	新华书店
开　　本	787 毫米×960 毫米　1/16
印　　张	10.25
字　　数	111 千字
版　　次	2015 年 3 月第 1 版
印　　次	2018 年 3 月第 3 次印刷
定　　价	32.00 元

(图书如有装订差错请与发行部联系)